ADOLPHE JOANNE

GÉOGRAPHIE
DE
L'ISÈRE

10 gravures et une carte

Joanne, Adolphe
Géographie de l'Isère

HACHETTE ET Cⁱᵉ

GÉOGRAPHIE

DU DÉPARTEMENT

DE L'ISÈRE

AVEC UNE CARTE COLORIÉE ET 10 GRAVURES

PAR

ADOLPHE JOANNE

AUTEUR DU DICTIONNAIRE GÉOGRAPHIQUE ET DE L'ITINÉRAIRE
GÉNÉRAL DE LA FRANCE

PARIS

LIBRAIRIE HACHETTE ET Cie

79, BOULEVARD SAINT-GERMAIN

1876

Droits de traduction et de reproduction réservés

TABLE DES MATIÈRES

DÉPARTEMENT DE L'ISÈRE

I	1	Nom, formation, situation, limites, superficie.	1
II	2	Physionomie générale.	2
III	3	Cours d'eau.	11
IV	4	Climat.	19
V	5	Curiosités naturelles.	20
VI	6	Histoire.	22
VII	7	Personnages célèbres.	32
VIII	8	Population, langue, culte, instruction publique.	33
IX	9	Divisions administratives.	35
X	10	Agriculture.	39
XI	11	Industrie.	42
XII	12	Commerce, chemins de fer, routes.	49
XIII	13	Dictionnaire des communes.	51

LISTE DES GRAVURES

1	Pont-en-Royans.	3
2	Le Mont-Aiguille.	5
3	Les Grands-Goulets.	7
4	Cuves de Sassenage.	17
5	La Grande-Chartreuse.	25
6	Château de Lesdiguières, à Vizille.	27
7	Grenoble.	29
8	Statue de Bayard, sur la place Saint-André, et palais de Justice, à Grenoble.	55
9	Temple d'Auguste et de Livie, à Vienne.	65
10	Cathédrale de Vienne (Saint-Maurice).	69

Typographie Lahure, rue de Fleurus, 9, à Paris.

DÉPARTEMENT
DE L'ISÈRE

I. — Nom, formation, situation, limites, superficie.

Le département de l'Isère doit son *nom* à sa situation sur le cours de l'Isère, puissante rivière venue de la Savoie, qui le traverse du nord-est au sud-ouest et y baigne Grenoble.

Il a été *formé*, en 1790, de la portion septentrionale du **Dauphiné**, l'une des provinces qui constituaient alors la France.

Situé dans la région sud-est de la France, il est séparé de l'Italie par le département de la Savoie et par celui des Hautes-Alpes, et de la Suisse par le département de l'Ain. Six départements, le Rhône, Saône-et-Loire, la Nièvre, l'Yonne, Seine-et-Marne, Seine-et-Oise, s'étendent entre sa pointe nord-ouest et Paris, dont il est à 633 kilomètres (au sud-est) par chemin de fer, et à 480 seulement en ligne droite. Trois départements le séparent du Cher, qui occupe assez exactement le centre de la France : ces départements sont le Rhône, la Loire et l'Allier. Il est traversé à l'est et près de Bourgoin, et plus près encore de Saint-Marcellin, par le 3e degré de longitude est du méridien de Paris, et tout à fait sur sa limite orientale, vers les sources du Vénéon, par le 4e degré. Enfin, sa pointe septentrionale s'approche du 46e degré de latitude nord, et, dans sa portion méridionale, au sud de Villard-de-Lans, de Vif, de Vizille, du Bourg-d'Oisans, il est coupé par le 45ᵉ degré ; il est donc, au moins dans cette portion méridionale, aussi rapproché de l'équateur que du pôle, séparés l'un de l'autre, par 90 degrés.

Le département de l'Isère est *borné* : au nord, par le département de l'Ain ; au nord-est, par celui de la Savoie ; au sud-est, par celui des Hautes-Alpes ; au sud, par ceux des Hautes-Alpes et de la Drôme ; à l'ouest enfin, par ceux de l'Ardèche, de la Loire et du Rhône. Ses limites sont naturelles, c'est-à-dire formées par des rivières ou des montagnes, ou artificielles, c'est-à-dire tracées à travers champs par des lignes conventionnelles. Les frontières naturelles de l'Isère l'emportent en longueur sur les limites artificielles : au nord-est, l'Isère a pour bornes le cours du Guiers, qui le sépare de la Savoie, et celui du Rhône, qui le sépare de l'Ain ; au nord, il a pour frontière le Rhône, vis-à-vis du département de l'Ain ; à l'ouest, c'est encore le Rhône qui le sépare des territoires du Rhône et de la Loire ; au sud et à l'est, les limites ne sont plus tracées par d'importants cours d'eau, mais par des ruisseaux, de petits torrents, des montagnes, et, plus souvent, par des lignes conventionnelles.

La *superficie* est de 828,934 hectares : sous ce rapport, c'est le huitième département ; en d'autres termes, sept seulement sont plus étendus. Sa forme ressemble vaguement à un ovale aminci dans la partie centrale. Sa plus grande *longueur*, du nord-ouest au sud-est, du Rhône en amont de Lyon aux glaciers d'où descend le Vénéon, est de 145 à 150 kilomètres ; sa *largeur* varie entre un peu plus de 40 kilomètres (de Roybon à Entre-deux-Guiers) et un peu plus de 80 (des montagnes d'Allevard au confluent de l'Isère et de la Bourne). Son pourtour est en nombre rond de 475 kilomètres.

II. — Physionomie générale.

Le cours de l'Isère et celui du Drac séparent le département en deux régions inégales : à l'est et au sud sont les puissantes montagnes de granit, de gneiss, de talc et de schiste, avec leurs neiges éternelles, leurs glaciers, leurs torrents; à l'ouest et au nord, les chaînes calcaires, les plateaux moyens, les larges plaines, les grandes vallées.

Avant l'annexion de la Savoie, le département de l'Isère renfermait les plus hautes cimes de la France après le Pelvoux, montagne dont le sommet, il est vrai, ne lui appartient pas, mais dont il possède la base occidentale. Sa pointe cul-

Pont-en-Royans.

minante est un satellite de ce même Pelvoux : la *Meije*, ou *Aiguille du Midi*, une des montagnes les plus importantes des Alpes. Son altitude est de 3,987 mètres (116 mètres seulement de moins que le Pelvoux, haut de 4,103 mètres). Cette altitude est presque 60 fois plus considérable que la hauteur des clochers de Voiron (67 mètres), les monuments les plus élevés du département. Si l'Aiguille du Midi avait 823 mètres de plus, elle serait l'égale du Mont-Blanc (4810 mètres), la cime la plus élevée de l'Europe, non compris le Caucase.

L'Aiguille du Midi se dresse au-dessus de la Grave (Hautes-Alpes); elle appartient même à ce département par son versant septentrional, et elle a sur son territoire le glacier de la Meije, tandis que sur le versant méridional, le glacier des Étançons appartient à l'Isère. Ces glaciers sont vastes et beaux, mais ils sont inférieurs au *glacier du mont de Lans*, qui s'étend à l'ouest de la Meije, long de 7 kilomètres, large de 2 à 3, sur les deux départements des Hautes-Alpes et de l'Isère, au pied nord du Rateau (3,754 mètres), des pics de la Grave (3,673 et 3,649 mètres) et du Jandri (3,292 mètres). Malgré leur altitude considérable, ces derniers pics ne sont point ceux qui viennent immédiatement après l'Aiguille du Midi : le second rang appartient à l'*Aiguille d'Olan* (3,883 mètres), au sud-sud-est de Saint-Christophe-en-Oisans.

Ce groupe de montagnes superbes dépendant du Pelvoux et alimentant par ses glaciers et ses névés la Romanche, affluent du Drac, et le Vénéon, affluent de la Romanche, a un rival dans le groupe des **Grandes-Rousses**, qui, dit-on, doit ce nom à la couleur rousse de ses parois de granit et de gneiss. Les Grandes-Rousses, remarquables par l'étendue de leurs glaciers de la Cochette, des Rousses, des Quirlies, du Grand-Sablat, s'élèvent au nord de la Romanche, vis-à-vis des monts de la Meije, qui se dressent au sud de ce fougueux torrent; elles appartiennent aussi au département de la Savoie. Les Grandes-Rousses séparent le bassin de la Romanche de celui de son affluent, l'Eau-d'Olle, et de celui de l'Arc, rivière savoisienne; leurs principaux sommets sont la Cochette (3,173 mètres), deux pics d'égale altitude (3,473 mètres) connus sous le nom commun des Grandes-Rousses, et appelés souvent, l'un, au nord, l'Étendard, l'autre, au sud, la Scie; enfin le Grand-Sauvage (3,229 mètres) et le Savoyat (3,340 mètres).

Un troisième massif, ou une chaîne de montagnes alpestres, se dresse à l'ouest des Grandes-Rousses, entre l'Eau-d'Olle et la Romanche d'une part, et la vallée du Graisivaudan, parcourue par l'Isère, d'autre part. C'est la **chaîne de Belle-**

Le Mont-Aiguille.

donne, moins haute, moins terrible que le Pelvoux ou les Grandes-Rousses, mais qui peut encore prendre rang parmi les plus belles montagnes de la France. La chaîne de Belledonne a pour principaux sommets les trois pics de Belledonne (2,981 mètres; le grand pic est de quelques mètres plus élevé). Vient ensuite la Grande-Voudène ou Vaudène (2,789 mètres), dont un éboulement formidable arrêta la Romanche en 1181; la Grande-Lance d'Allemont a 2,844 mètres; la Grande-Lance de Domène, 2,833. Chanrousse (2,255 mètres) porte à son sommet un lambeau de roches calcaires. En un point, le chaînon de Belledonne est coupé par la Romanche qui coule avec rapidité, à un niveau plus bas de 1,700 mètres, au fond des gorges de Livet. Au delà de ce redoutable torrent, la montagne se relève : la cime de Cornillon, ou pointe de l'Infernet, a 2,494 mètres; le Grand-Galbert, 2,565 ; la belle montagne de Taillefer, 2,861. En allant des pics de Belledonne vers le nord-est, et non plus vers le sud-ouest, comme de ces pics au Taillefer, on arrive au *plateau des Sept-Laux*, ou des Sept-Lacs, solitudes glacées, roches effondrées, pâturages, ainsi nommés de sept lacs situés à 2,100-2,277 mètres d'altitude, au pied du Rocher Blanc ou pic de la Pyramide (2,931 mètres).

Outre le Pelvoux, les Grandes-Rousses et Belledonne, le département possède des chaînes moins élevées, quoique très-hautes encore, généralement composées de roches jurassiques ou de roches crétacées. La plus célèbre, comme aussi la plus belle de ces chaînes secondaires, est la Grande-Chartreuse.

Le massif de la **Grande-Chartreuse** n'a pas moins de 120 kilomètres de tour. Il s'élève au nord et immédiatement au-dessus de Grenoble, et le mont Rabot, ou de la Bastille, qui commande le chef-lieu du département, et qui n'est lui-même qu'un éperon du Rachais (1,053 mètres), en est le dernier contre-fort; longeant ensuite la rive droite de l'Isère, dans la direction du nord-nord-est, il se prolonge de ce côté jusqu'en Savoie, au-dessus de la vallée de Chambéry; au nord, il se termine aux gorges de Guiers-Vif, à l'ouest et au sud-ouest, il s'achève sur la vallée de la Morge, et de nouveau, sur la rive droite de l'Isère, en face du confluent du Drac et du Bec de l'Échaillon.

Le massif de la Grande-Chartreuse, dont le célèbre monastère est bâti, à 977 mètres d'altitude, dans une gorge austère, doit son caractère de grandeur à ses failles profondes, à ses ro-

Les Grands-Goulets.

chers, à ses forêts, où, comme sur Belledonne, les Grandes-Rousses et le Pelvoux, le sapin et le pin se mêlent au hêtre, au chêne, au frêne, à l'érable, au tremble, à l'aune, au saule, au bouleau. Le pic culminant du groupe, *Chamechaude*, aux escarpements gigantesques, arrondis comme des tours affaissées, n'a que 2,087 mètres; le Petit-Som, ou Dent de Crolles, en a 2,066; le Grand-Som, 2,033; le Charmant-Som, 1,871; au-dessus de la plaine où le Drac se jette dans l'Isère, les gorges de la Vence et celles du torrent de Pique-Pierre ou de Saint-Martin séparent du groupe le Casque-de-Néron, mont de 1,505 mètres. De même, la Roize et l'Hérétang isolent du massif un petit chaînon calcaire, le Raz (804 mètres).

Le Casque-de-Néron et le Raz font face aux **montagnes de Lans**, du **Villard-de-Lans** ou **d'Autrans**, nommées aussi **plateau des Quatre-Montagnes**. Calcaires comme la Grande-Chartreuse, dont ils sont la continuation au delà de l'Isère, les monts de Lans ne faisaient jadis qu'un avec elle; ils sont bornés à l'est, au nord, à l'ouest, sur la moitié de leur contour, par l'Isère, qui décrit un demi-cercle à leur extrémité septentrionale, au pied des assises du beau promontoire ou *Bec de l'Échaillon*, dominant la rivière de 200 mètres. Au sud-ouest, le massif se termine sur la profonde vallée de la Bourne; au sud, il va se relier aux monts du Vercors. Les pics culminants des monts de Lans, qui abondent en paysages gracieux, sont inférieurs à 2,000 mètres, mais un grand nombre dépassent 1,500.

Au sud de la Bourne, à l'ouest du Drac, les **monts du Vercors**, tant par la direction de leur axe que par la nature de leurs roches de calcaire néocomien, sont le prolongement des monts du Villard-de-Lans et de la Grande-Chartreuse; ils s'épanouissent surtout dans le département de la Drôme : là sont leurs plus belles falaises, la forêt de Lente, et, sur la Vernaison, les gorges magnifiques des Grands-Goulets. Dans l'Isère, leur montagne la plus curieuse est le *mont Aiguille*, ou *mont Inaccessible*, obélisque haut de 2,097 mètres, difficile à gravir. Le grand Veymont a 2,346 mètres; la Grande-Moucherolle, ou Grand-Arc, 2,289, et le Moucherotte, 1,906.

Tout à fait au sud du département, au sud-ouest de Corps, au sud-est de Mens, le *mont Obiou* (2,793 mètres) est le pic le plus haut d'un massif appartenant presque en entier au département des Hautes-Alpes, le **Dévoluy**, ensemble de montagnes ruinées, de traînées de roches, de plateaux sans arbres et sans gazon, de ravines, de lits desséchés de torrents.

Entre le Dévoluy et les monts du Vercors, dans la région appelée le Trièves, se groupent des montagnes de craie d'élévation moyenne, nues, grisâtres, ravinées ; on peut les appeler **Monts de la Croix-Haute**, d'un col (1,500 mètres) qui s'y ouvre aux limites de l'Isère et de la Drôme, sur la route de Grenoble à Marseille.

Ce sont là les montagnes de l'Isère : tout le reste, c'est-à-dire à peu près la moitié du département, est composé de plateaux peu élevés, de collines et de plaines basses : Terres Froides, Terres Basses, Balmes de Crémieu, Balmes Viennoises, Plaines de Lyon, Bièvre, Valloire et Plateau de Chambaran.

Les **Terres Froides** doivent leur nom à ce que la nature de leur sol, le nombre de leurs sources, l'étendue de leurs bois, en font une région humide, sujette aux brouillards, désagréable en hiver, et quelquefois en automne et au printemps, autant qu'admirable de fraîcheur, belle d'aspect et agréable en été. Elles s'étendent sur tout ou partie des cantons de Virieu, du Grand-Lemps, de Saint-Geoire, de Pont-de-Beauvoisin, de la Tour-du-Pin et de Bourgoin. On y trouve de petites montagnes qui atteignent jusqu'à 809 mètres d'altitude, au-dessus du lac charmant de Paladru.

Au nord de la vallée palustre de la Bourbre, les marais des Avenières, de Morestel, d'Aoste et de Granieu, forment ce qu'on appelle les **Terres Basses**. De la Bourbre, en aval de Bourgoin, aux lieux où le Rhône reçoit le Guiers, elles occupent une dépression en demi-cercle où, selon les géologues, passait le Rhône quand ses eaux n'avaient pas encore percé les calcaires du Jura.

Les **Balmes de Crémieu** sont comprises entre les Terres Basses au sud, la Bourbre inférieure à l'ouest et le Rhône à l'est et au nord ; ce sont des collines calcaires qui, à leur point culminant, atteignent 444 mètres. Elles portent quelques bois, et généralement tombent sur le fleuve par des escarpements où s'ouvrent des grottes, *balmes* ou *baumes* : d'où le nom de ce massif peu élevé, mais souvent très-pittoresque.

Les **Balmes Viennoises** s'élèvent dans les cantons d'Heyrieu, de Saint-Symphorien d'Ozon et de Meyzieu, de la Bourbre au Rhône, au nord des plateaux perméables de Saint-Jean-de-Bournay, qui engloutissent divers ruisseaux, tels que la Gervonde. C'est une série de plateaux ondulés recouverts d'une terre végétale remarquablement féconde, très-propre aux céréales, profonde, grisâtre, argileuse, sans ruisseaux courants, presque sans sources, où l'on ne trouve l'eau que dans des puits de 30 à 40 mètres de profondeur. Leur altitude ne dépasse pas 370 mètres.

Les **Plaines de Lyon**, ainsi nommées de la grande ville, tout près de laquelle finit le territoire du département au nord-ouest, s'étendent le long du Rhône, entre ce fleuve et les Balmes Viennoises. Leur sol, rougeâtre et perméable, est un mélange de cailloux roulés et d'alluvions modernes, moins fertiles que les alluvions anciennes des Balmes Viennoises.

La **Bièvre** est une plaine commandée au nord par les Terres Froides et par les collines du Banchet, qui ont près de 700 mètres d'altitude, au sud par le plateau de Chambaran, qui en a plus de 700. Longue de 30 kilomètres, large de 4 à 10, elle est inclinée de l'est à l'ouest : à l'est elle est à 450 mètres au-dessus des mers, au centre à 350, à l'ouest (où elle porte le nom de **Plaine de la Côte-Saint-André**), à 300 seulement. Elle fut boisée, elle est nue maintenant ; elle manque de fécondité et l'on n'en tire des récoltes passables qu'au moyen d'amendements de plâtre. Elle ne retient pas à sa surface les ruisseaux que lui envoient les coteaux, et ces ruisseaux, filtrant sous terre, vont rejaillir dans la Valloire.

La **Valloire**, qui prolonge la Bièvre, s'étend de celle-ci à la plaine du Rhône, avec une pente d'à peu près 150 mètres. Elle appartient pour la plus grande partie au département de la Drôme. Longue de 20 kilomètres, large de 4 à 7, spongieuse comme la Bièvre, elle est aussi fertile que la Bièvre l'est peu ; les eaux qui lui viennent souterrainement de cette dernière plaine jaillissent par les belles sources de l'Auron (Isère) et de la Veuze (Drôme), qui à leur tour s'engouffrent et vont reparaître près de Saint-Rambert (Drôme) par les grandes fontaines des Claires ou Collières.

Le **Plateau de Chambaran**, partagé entre l'Isère et a Drôme, s'étend entre la Bièvre-Valloire et la belle vallée de l'Isère ; près de Tullins, c'est-à-dire dans des parages où il ne porte pas encore le nom de Chambaran, ce massif a un sommet de 787 mètres, la colline de Marsonna ; le Chambaran, ou Chamberan, n'en a que 735. Ce plateau, fort mouvementé, est boisé de chênes, de hêtres, de charmes et de châtaigniers.

III. — Cours d'eau.

Le département tout entier appartient au bassin du Rhône, le premier des fleuves français par la masse de ses eaux. Ce fleuve a son origine en Suisse, dans le canton du Valais, à 1,750 mètres environ d'altitude, au célèbre glacier du Rhône, l'un des plus beaux de l'Europe.

Le Rhône ne pénètre point dans le département, il le borne au nord-est, au nord, à l'ouest. D'abord large et plein d'îles, il se rétrécit ensuite entre les escarpements du Bugey (Ain) et le Bois-du-Mont (Isère) au point de n'avoir plus que 36 mètres d'un bord à l'autre, au-dessous du château de Mérieu. A une quinzaine de kilomètres en aval de ce détroit, au Saut-du-Rhône, le fleuve franchit une espèce de barrage de rochers à fleur d'eau, ne laissant à la masse du courant qu'un passage de 8 mètres. Longeant les Balmes de Crémieu, il passe près de la grotte de la Balme et au pied des rochers à pic d'Hières.

Après cela, grossi déjà du Guiers, de la Bourbre et de l'Ain, il pénètre dans les plaines de Lyon, quitte pour quelque temps le département, va baigner Lyon, où il reçoit la Saône, et, tournant droit au sud, il ne tarde pas à toucher de nouveau l'Isère. Devant Vienne, il a 200 mètres de largeur, 5 de profondeur, et, à 50 centimètres au-dessus de l'étiage, une vitesse de 2 mètres par seconde. Au-dessous de Vienne, le fleuve passe au pied de hauts coteaux qui bientôt font place à la féconde plaine de

Roussillon, dernier chef-lieu de canton de l'Isère, voisin du Rhône. A la sortie du département, l'altitude du fleuve est de 134 mètres ; sa pente totale dans l'Isère est de 70 mètres. Le Rhône reçoit ensuite l'Isère, baigne Valence, Avignon, et se grossit de la Durance. A Arles, il se divise en deux branches qui enferment les 75,000 hectares marécageux de la Camargue.

Il reçoit (rive gauche) dans le département : le Guiers, la Bièvre, la Braille, la Save, le Fouron, l'Amby, la Bourbre, le ruisseau de Meyzieu, l'Ozon, la rivière de Levau, la Gère, la Varèze, le Dolon. Hors du département, il reçoit trois rivières appartenant au département par une portion de leur bassin : les Claires, la Galaure et l'Isère.

Le **Guiers**, long de 55 kilomètres, est formé de deux torrents également abondants et rapides, bien que l'un s'appelle *Guiers-Mort* et l'autre *Guiers-Vif :* tous deux viennent du massif de la Grande-Chartreuse. Le Guiers-Mort coule bruyamment dans les belles gorges du Désert, où il entre par la *porte* (défilé) *de l'Enclos*, reçoit le ruisseau de la Grande-Chartreuse, passe sous l'arche du pont de Saint-Bruno (42 mètres au-dessus de l'étiage), sort du Désert par la *porte de Fourvoirie*, baigne Saint-Laurent-du-Pont et recueille le tribut de l'*Hérétang*. Le Guiers-Vif sort d'un roc immense ; il sépare l'Isère de la Savoie, puis, au-dessous des sombres gorges du *Grand Frou*, passe entre les Échelles et Entre-deux-Guiers. — Ainsi formé, au-dessous des Échelles, par ces deux torrents, le Guiers roule ses eaux bleues de cuve en cuve, entre les rochers de la belle *gorge de la Chaille*, recueille l'*Ainan*, qui vient de Saint-Geoire, puis coule sous l'arche hardie du Pont-de-Beauvoisin ; il reçoit ensuite le Tier, déversoir du lac d'Aiguebelette, et baigne Saint-Genix-d'Aoste.

La *Bièvre*, qui passe à Aoste, reçoit les canaux de dessèchement du marais des Avenières.

La *Braille*, qui passe à Vézeronce, reçoit les dégorgeoirs des marais de Morestel.

La *Save* passe au nord de Morestel et en draine les marais.

Le *Fouron* baigne Chareste.

L'*Amby* reçoit le déversoir du petit lac d'Hières.

La **Bourbre** (80 kilomètres) vient des Terres-Froides. Elle arrose Virieu, la Tour-du-Pin, Cessieu où tombe l'*Hien*, Bourgoin, reçoit l'*Agny*, passe près de la Verpillière et gagne le Rhône à 2 kilomètres au-dessus du confluent de l'Ain, après avoir fait marcher un très-grand nombre d'usines, notamment celles du Pont-de-Chéruy. La Bourbre, au-dessous de Bourgoin, traverse de larges prairies tourbeuses, et absorbe, par un canal, l'excès d'eau du marais des Vernes.

Le *ruisseau de Meyzieu*, formé au pied des Balmes Viennoises par un nombre prodigieux de fontaines, est d'une fraîcheur et d'une limpidité extrêmes. Son affluent, le *ruisseau de Pusignan*, naît aussi de sources abondantes à la base des mêmes Balmes.

L'*Ozon*, venu des environs d'Heyrieu, passe devant Saint-Symphorien-d'Ozon.

La *rivière de Levau* commence son cours sous le nom de *Seveines* : elle passe dans un faubourg de Vienne.

La **Gère** n'a pas plus de 40 kilomètres de longueur, mais c'est une des rivières industrielles les plus remarquables de la France. Ce cours d'eau limpide, lorsqu'il arrive à Vienne, a reçu la *Varèze*, la *Vésonne*, la *Suze*, la *Véga*, ou *rivière de Septême*, née d'une source très-abondante.

La *Varèze*, un peu plus longue que la Gère, mais bien moins importante, a son embouchure à Saint-Alban.

Le *Dolon*, rivière de la Valloire (40 kilomètres), gagne le fleuve tout près de la limite du département.

Les **Claires** ou **Collières** sont formées, dans le département de la Drôme, par des sources qui proviennent des infiltrations de la Valloire. Ces eaux rejaillissent une première fois par la Veuze (Drôme) et par l'Auron, qui appartient en partie à l'Isère. L'*Auron*, ou Oron, naît à côté de la ligne de Saint-Rambert à Grenoble, à la base de la colline de Beaufort (370 mètres), de sources très-nombreuses, abondantes et limpides, jaillissant dans 120 hectares de marais ; il arrose, avec le *Suzon*, son affluent, le vallon de Beaurepaire, puis passe dans la Drôme, où il s'engouffre, ainsi que la Veuze, pour reparaître sous le nom de Claires.

La *Galaure*, longue de 55 kilomètres, n'a dans l'Isère que son cours supérieur : elle descend de la forêt de Chambaran et passe à Roybon.

L'Isère est une rivière des plus considérables, la *première* de France à l'étiage après le Rhône, bien qu'elle n'ait pas même 300 kilomètres de cours. Elle tire son origine des glaciers du massif du col Iseran, puissant groupe de montagnes de 3,000 à 4,000 mètres, situé en Savoie, entre la France et l'Italie. A Val-de-Tignes, premier village de la vallée, l'altitude de son lit est de 1,849 mètres. Dans la Savoie, elle reçoit l'Arc, torrent terrible. Elle entre dans le département, au-dessus de l'embouchure du Bréda et de la colline escarpée du Fort-Barraux ; son altitude en ce point est de 250 mètres. Large entre digues de 130 mètres, du confluent de l'Arc à la limite départementale, elle n'en a plus que 112 de cette frontière à Grenoble : ces digues, entretenues à grands frais, protégent 6,750 hectares dans la vallée du Graisivaudan, la plus belle peut-être et l'une des plus fertiles de France, comprise entre les monts de la Grande-Chartreuse et la chaîne neigeuse de Belledonne. Dans cette admirable vallée, l'Isère passe entre le Touvet et Goncelin, près de Domène, à Grenoble et à quelque distance de Sassenage, lieu près duquel elle s'augmente des deux cinquièmes par la jonction du Drac : après quoi, coulant entre les escarpements de la Grande-Chartreuse et ceux des monts du Villard de Lans, elle va contourner le beau promontoire du Bec de l'Échaillon. A partir de ce point, la vallée, cessant d'être contenue à droite par les monts de la Grande-Chartreuse, et n'étant plus dominée que par les monts de Lans, devient beaucoup plus large et peut-être encore plus féconde. La rivière passe à 3 ou 4 kilomètres de Tullins, près de l'ancienne fonderie de canons de Saint-Gervais, à 3 kilomètres et demi de Saint-Marcellin, et, au moment où elle reçoit la Bourne, entre dans le département de la Drôme par 145 mètres environ d'altitude ; elle quitte l'Isère après un cours de 110 kilomètres, pendant lesquels sa pente dépasse de très-peu 100 mètres. Dans la Drôme, elle baigne la ville de Romans et tombe dans le Rhône entre Tain et Valence, par 107 mètres au-dessus des mers.

Aux plus basses eaux connues, au fort de l'hiver, quand le froid ferme les sources et congèle les cascades, l'Isère roule encore 64 mètres cubes d'eau et demi par seconde devant Grenoble, et 105 au-dessous du confluent du Drac : c'est quatre fois le débit de la Loire à Tours, dans les sécheresses exceptionnelles, deux fois et demie la Seine à Paris à l'étiage, un grand tiers de plus que la Garonne et la Dordogne ensemble. Malgré cela, cette rivière, navigable officiellement pendant 164 à 165 kilomètres, de Montmélian (Savoie) jusqu'au Rhône, porte en réalité très-peu de bateaux, à cause de l'irrégularité de son lit et de la rapidité de son courant. Dans ses grandes crues, elle roule environ 1,000 mètres cubes par seconde.

L'Isère reçoit dans le département : le Bréda, le ruisseau de Tencin, le ruisseau du Carre, le ruisseau de Lancey, le Mannival, le Doménon, le Sonnant, le Drac, le Furon, la Vence, la Roize, la Morge, la Furé, la Drévenne, l'Ivery, la Cumane, la Bourne, le Furand et, dans la Drôme, l'Herbasse.

Le *Bréda* (rive gauche) descend des Sept-Laux, où il se forme des déversoirs de plusieurs lacs situés à plus de 2,000 mètres d'altitude. Il coule dans la belle vallée d'Allevard, passe à Pontcharra et porte à l'Isère, outre le tribut de ses propres eaux, celui du *Gleyzin*, du *Veyton* et du *Bens* : ce dernier coule dans la gorge bordée de forêts où s'élèvent les ruines de la Chartreuse de Saint-Hugon, et passe sous l'arche du *Pont-du-Diable*, haute de 80 mètres. Le Bréda a 40 kilomètres de cours.

Le *ruisseau de Tencin*, affluent de gauche, tombe, par une jolie cascade, dans la gorge du Bout-du-Monde.

Le *ruisseau du Carre* ou de *Vors*, affluent de gauche, descend de Belledonne et traverse le lac *Blanc*, situé à 2,168 mètres.

Le *ruisseau de Lancey*, affluent de gauche, sort du lac Doménon et traverse celui du Crozet.

Le *Mannival*, affluent de droite, est un large torrent dévastateur qui passe auprès de Saint-Ismier. Parfois à sec en été, il roule des blocs énormes de rochers quand les pluies viennent le grossir.

Le *Doménon*, affluent de gauche, commence par les lacs, presque toujours glacés, de Doménon, sur un flanc de Belledonne ; il reçoit le déversoir du lac Robert, et forme la haute et imposante cascade de l'Oursière. Il passe à Domène et porte à l'Isère près d'un mètre cube d'eau par seconde à l'étiage.

Le *Sonnant*, affluent de gauche, coule dans le vallon d'Uriage.

Le **Drac**, affluent de gauche, est l'un des plus abondants, des plus terribles torrents de toute la France. Aux eaux les plus basses, il roule encore 40 mètres cubes et demi par seconde, ce qui est à peu près le volume le plus faible de la Seine devant Paris (sauf les « maigres » tout à fait exceptionnels). Sur 148 kilomètres de cours, il en a un peu plus de la moitié, 76, dans l'Isère, où il entre par 750 mètres d'altitude, venant du département des Hautes-Alpes, de montagnes neigeuses de 2,900 à 3,438 mètres d'élévation. Dans l'Isère, il coule tour à tour au fond d'étranglements étroits ou sur de très-larges grèves ; il laisse à droite, sur la montagne, la ville de Corps, court entre les charmantes montagnes du pays de Beaumont, à droite, et les monts décharnés du Dévoluy et du Trièves, à gauche, et passe sous un beau pont suspendu de 125 mètres de longueur, à pareille hauteur de ses eaux. Il passe dans le précipice, profond de 300 à 400 mètres, où sourdent les eaux thermales de la Motte-les-Bains, puis, entrant dans la plaine du Graisivaudan avec 150 mètres de largeur entre digues, coule sous le pont de Claix, et laisse à une petite distance, à droite, la ville de Grenoble, préservée de ses inondations par des travaux particuliers de défense. Le Drac reçoit dans le département : la *Souloise*, venue du Dévoluy ; ce torrent appartient surtout aux Hautes-Alpes ; — la *Bonne* (40 kilomètres), gros torrent qui arrose le Valbonnais et que grossissent le *Béranger*, la *Malsanne* et la *Roisonne* ; — la *Jonche*, qui sort du lac de Pierre-Châtel et arrose le froid pays de Mateysine ; elle passe à la Mure ; — l'*Ébron*, qui vient du Dévoluy et arrose le pays de Trièves (cantons de Mens et de Clelles) ; — la *Romanche* et la *Gresse* ; cette dernière, longue de 40 kilomètres,

Cuves de Sassenage.

passe à Vif; — quant à la **Romanche**, c'est un torrent des plus considérables, une rivale du Drac lui-même : elle n'a pas 90 kilomètres, mais les glaciers du Pelvoux, de l'Aiguille du Midi, de l'Aiguille d'Olan, des Grandes-Rousses, lui donnent en toute saison un volume d'eau très-fort; ses inondations sont terribles, et son cours n'est qu'une succession de défilés obscurs, de bassins désolés, de larges grèves de pierres. La Romanche se forme dans le département des Hautes-Alpes. Dans l'Isère, elle coule dans la combe de Malaval, et passe, par la *gorge de l'Infernet*, dans la plaine du Bourg-d'Oisans, qui fut le lit du lac de Saint-Laurent; de là elle s'enfonce dans les gorges de Livet, après quoi elle baigne Vizille et, large d'environ 45 mètres en moyenne, gagne le Drac par le pittoresque *passage de l'Étroit*. La Romanche reçoit : le *Ferrand*, descendu des Grandes-Rousses ; le beau *Vénéon* (40 kilomètres), torrent bleu venu du cirque de la Bérarde par la vallée de Saint-Christophe ; le *ruisseau de la Rive*, né des belles sources de la Gardette; la *Sarenne*, descendue des Grandes-Rousses; l'*Eau-d'Olle* (36 kilomètres), fort torrent qui descend également des Grandes-Rousses et des montagnes d'Allevard ; le *ruisseau de Laffrey*, déversoir du lac de Laffrey (150 hectares) et de celui du Petit-Chat.

Le *Furon*, affluent de gauche, né dans les monts de Lans, se précipite de cascade en cascade au fond de la faille grandiose des *gorges d'Engins* et du défilé du *Passage des portes d'Engins*, surplombés par d'immenses roches grisâtres, recouvertes d'une vigoureuse végétation. A Sassenage, il reçoit le *Germe* ou *ruisseau des Grottes*, qui sort avec impétuosité, au printemps, de belles cavernes, appelées Cuves, creusées dans le calcaire néocomien supérieur qu'on appelle dans le pays calcaire de Sassenage.

La *Vence*, affluent de droite, a ses sources et son cours dans le massif de la Grande-Chartreuse. Elle contourne Grenoble au nord, derrière le Rachais et le Néron.

La *Roize*, affluent de droite, descend également du massif de la Grande-Chartreuse et passe à Voreppe.

La *Morge*, affluent de droite, fait marcher les nombreuses usines de l'importante ville industrielle de Voiron.

La *Fure* (40 kilomètres), affluent de droite, sort du *lac de Paladru* (6 kilomètres de longueur, 1,000 mètres de largeur, 400 hectares, 25 à 30 mètres de profondeur), bordé de collines fort élevées, et situé à 494 mètres d'altitude. La Fure, ainsi que son principal affluent, la *Fure de Réaumont*, qui passe près de Tullins et qui a son embouchure à Rives, sont des rivières industrielles des plus importantes.

La *Drévenne*, affluent de gauche, descend des monts du Villard-de-Lans.

L'*Ivery*, tributaire de droite, passe à Vinay.

La *Cumane*, tributaire de droite, vient du plateau de Chambaran ; c'est elle qui baigne Saint-Marcellin.

La **Bourne**, affluent de gauche, a 40 kilomètres de longueur et des eaux abondantes que ne tardera pas à utiliser un *canal d'irrigation* qui aura une longueur de 49,692 mètres et coûtera environ 9 millions de francs. Il débitera 7,000 litres d'eau par seconde au minimum. La Bourne naît à un peu plus de 1,000 mètres d'altitude, à côté du Furon, sur les monts de Lans. Elle arrose le Villard-de-Lans, puis s'engage dans des gorges si étroites, que la route a 3 kilomètres sur 6 taillés dans le roc vif, au pied de parois de 500 à 700 et 800 mètres de hauteur verticale. A Pont-en-Royans, la rivière coule au fond d'un gouffre où ses eaux se mêlent à celles de la *Vernaison*, torrent qui, lui aussi, s'est brisé, de roche en roche, dans les gorges magnifiques des Grands-Goulets (Drôme). Après avoir passé sous le vieux pont de Pont-en-Royans, la Bourne serpente dans un vallon riant.

Le *Furand* est un affluent de droite qui a son origine dans les bois de Chambaran et son embouchure au Port-du-Perrier, tout près de l'endroit où l'Isère passe définitivement dans le département de la Drôme.

IV. — Climat.

Le climat des divers lieux d'habitations du département de l'Isère varie extraordinairement suivant l'altitude. On conçoit qu'un pays dont le point le plus bas, le passage du Rhône dans la Drôme, n'est qu'à 134 mètres, tandis que le plus haut, le sommet de l'Aiguille du Midi, est à 3,987, offre tous les climats possibles, sous le 45ᵉ degré de latitude, depuis celui qui supporte presque l'olivier jusqu'à l'hiver éternel des cimes alpestres.

C'est seulement par la grande altitude de beaucoup de ses lieux que l'Isère a tant de villes, de bourgs, de villages dont le climat est dur, et même cruel; par sa latitude, il appartient, comme toute la France, à la région tempérée. Le nord du département touche presque au 46ᵉ degré; le sud est traversé par le 45ᵉ, c'est-à-dire qu'il est juste à égale distance du pôle et de l'équateur, et, par conséquent, situé dans la région essentiellement tempérée.

L'Isère appartient au climat continental, et plus spécialement au climat *rhodanien*, l'un des sept entre lesquels on a l'habitude de partager la France : ce climat est moins égal que les climats séquanien, breton, girondin et méditerranéen, moins brusque et moins dur que le climat vosgien et que l'auvergnat. Dans la partie la plus tempérée et la plus basse du département, à Vienne (147 mètres d'altitude), la moyenne de l'hiver est de + 3°,8, celle des étés de + 22°,1, le nombre des jours de pluie de 114, la hauteur annuelle des pluies de 80 centimètres. A mesure qu'on s'avance vers l'est et qu'on s'enfonce dans les montagnes, la quantité des pluies augmente. A Saint-Marcellin, la hauteur annuelle est de 1 mètre; à Grenoble et à la Tour-du-Pin, de 1ᵐ,40; de 2 mètres et plus peut-être dans la haute montagne. Or, d'après M. Delesse, la moyenne de la France est de 770 millimètres seulement.

V. — Curiosités naturelles.

Il faudrait un volume pour énumérer toutes les curiosités naturelles de l'Isère, glaciers, chaînes de rochers, cavernes, gorges, gouffres, sources, lacs et cascades. Les principales sont indiquées dans le dictionnaire des communes (p. 51).

Mais nous devons au moins constater que le département de l'Isère renferme à lui seul les *sept merveilles du Dauphiné*. On appelait ainsi autrefois certaines curiosités naturelles dont plusieurs devaient une partie de leur renommée à la crédulité populaire ou à l'impossibilité où se trouvait alors la science d'expliquer leur origine. Ces quatre merveilles sont les Cuves de Sassenage, la Tour-sans-Venin, la Fontaine-Ardente et le Mont-Inaccessible.

Les *Cuves de Sassenage* sont deux excavations naturelles en forme de cône renversé, situées dans des grottes, et qui, suivant la tradition populaire, indiquent la fertilité ou la stérilité, suivant la plus ou moins grande quantité d'eau qu'elles contiennent au printemps. Mais ce qu'on admire le plus à Sassenage sont les inextricables grottes dont les Cuves ne sont que le vestibule, et qui ont été creusées par des filtrations du Furon dans une faille fort remarquable de la montagne.

La *Tour-sans-Venin*, dont il reste un pan de mur sur la montagne de Saint-Nizier, au-dessus de la vallée du Drac, non loin de Grenoble, était, dit-on, construite au milieu des terres (apportées par le paladin Roland) qui avaient la propriété de faire mourir les serpents venimeux. A la vérité, *sans venin* paraît être une corruption de *Saint-Véran*. Dans le voisinage se trouve une faille appelée le Désert de Jean-Jacques.

La *Fontaine-Ardente*, au bord d'un ruisseau, à 5 ou 6 kilomètres de Vif, est un petit dégagement de gaz hydrogène qu'on peut allumer ou éteindre à volonté.

Le *Mont-Inaccessible* ou *Mont-Aiguille* est un énorme obélisque calcaire, isolé, de 2,097 mètres d'altitude, qui domine Clelles au sud. Il fut longtemps considéré comme absolument inaccessible, mais l'ascension en fut faite, pour la première fois, l'année même de la découverte de l'Amérique, par quelques officiers de Charles VIII. De nos jours, un guide l'a gravi plusieurs fois, en s'aidant seulement des mains et des pieds. Il paraît toutefois que la corniche qui en permettait l'escalade s'est récemment effondrée, de sorte que le Mont-Aiguille est redevenu inaccessible.

Les trois autres merveilles du Dauphiné sont le pont de Lesdiguières sur le Drac, la Balme et la Motte-Tremblante de Saint-Laurent-du-Pont.

La *Balme*, canton de Crémieu, tout près du Rhône et du département de l'Ain, se compose d'une série de salles ou chambres dans lesquelles ont été faites récemment de curieuses découvertes au point de vue de la paléontologie.

VI. — Histoire.

Le premier peuple connu qui occupa le territoire du département de l'Isère fut celui des *Allobroges* qui, maintes fois, descendirent, par les cols des Alpes, dans les riches plaines de l'Italie. L'Allobrogie comprenait, outre une partie de la Savoie, les arrondissements actuels de la Tour-du-Pin et de Vienne, la partie de l'arrondissement de Saint-Marcellin située sur la rive droite de l'Isère et une partie de l'arrondissement de Grenoble. L'Isère séparait les Allobroges des *Voconces*, qui occupaient les cantons de Sassenage et de Villard-de-Lans, partie des cantons de Vif, de Clelles, de Mens, du Monestier-de-Clermont et, dans l'arrondissement de Saint-Marcellin, le canton de Pont-en-Royans.

Après avoir été la terreur des Romains, les Allobroges durent défendre contre eux leur indépendance. Leur alliance avec Bituit, roi des Arvernes, ne les sauva pas, et leur territoire, conquis de 125 à 121 ans avant Jésus-Christ, fut compris dans la province Narbonnaise. Ils n'en conservaient pas moins leur fierté, et leur chef, Induciomar, ne craignit point de dire, en plein Sénat : « Nous ne sommes pas tellement vaincus que nous ne puissions, ô Romains, exercer longtemps encore votre vertu. » Ils étaient si remuants, que Catilina crut pouvoir les faire entrer dans sa conjuration coupable contre sa patrie ; mais ils dénoncèrent sa trahison. Comme on n'écoutait point leurs plaintes, malgré ce service, ils reprirent les armes et taillèrent en pièces les premières troupes envoyées contre eux ; mais, bientôt enserrés dans l'étreinte de fer des légions romaines, ils acceptèrent définitivement la domination de leurs vainqueurs. Les Romains continrent le pays par des colonies, et peuplèrent de vétérans la ville principale, *Vienne*, sur le

Rhône, et la bourgade qu'ils avaient créée, dès l'année 121, pour contenir les populations de la vallée de l'Isère, *Cularo* (lieu reculé), bourgade devenue plus tard la ville de Grenoble.

Vienne, d'où sortirent les colons qui peuplèrent Lyon, capitale de la Gaule, n'en fut pas moins une des cités romaines les plus illustres : des voies magnifiques l'unissaient à Arles, à Cularo et à l'Italie ; elle était le chef-lieu d'une subdivision de la Narbonnaise, la province viennoise, créée par Auguste ; elle élevait à l'empereur et à Livie un temple dont on admire les restes, et tout rappelle encore, dans la ville moderne, le souvenir de sa grandeur passée. Comblée des faveurs de *Claude*, Vienne se souleva la première contre le despotisme infâme de *Néron*, et mérita les témoignages de reconnaissance de l'empereur *Galba*.

Vienne fut une des premières cités où le christianisme eut des apôtres et des martyrs. Elle se glorifiait même, peut-être à tort, d'être la plus ancienne métropole des Gaules.

Dans les troubles qui marquèrent et hâtèrent la fin de l'empire romain, Vienne, quoique souvent ravagée, joue encore un rôle digne de sa renommée. Posthume, gouverneur de la province viennoise, revêtit la pourpre impériale que bientôt il teignit de son sang. Les Viennois refusèrent de soutenir Maximien contre Constantin, et leur cité, après le triomphe de ce dernier, devint la résidence d'un lieutenant du *préfet des Gaules*, en même temps que leur église obtenait la primauté sur les autres églises (325). Mais l'empereur Gratien, frappé de la position avantageuse de Cularo au point de vue militaire, agrandit cette dernière ville qui prit et garde encore son nom (*Gratianopolis*, d'où est dérivé le mot de Grenoble).

Pourtant ce fut encore à Vienne que les *Burgondes*, maîtres, au cinquième siècle après Jésus-Christ, de la vallée de la Saône et du Rhône, établirent le centre de leur puissance. Plus humains, plus industrieux que les autres barbares et déjà chrétiens quoique imbus de la doctrine d'Arius, ils fondèrent un établissement durable qui résista longtemps à la puissance des rois francs. Ce fut sous les murs de Vienne et aux dépens de cette ville plusieurs fois prise et livrée au pillage que se décida la grande querelle entre Clovis et Gondebaud, roi des Burgondes. En vain Gondebaud fugitif appela-t-il à son aide les Goths d'Italie, il mourut sans avoir pu affranchir son royaume du tribut imposé par Clovis. Les fils de Clovis n'en rencontrèrent pas moins dans le pays une vive résistance quand ils voulurent en faire la conquête. Clodomir, roi d'Orléans, périt dans la célèbre victoire de Vézeronce (524), remportée sur le roi Godomar près des marais de Morestel et rappelée aux générations actuelles par un tumulus que les gens du pays appellent *Mollard de Koën* (Kœnig) et tombeau du *roi Virgo*. Clotaire et Childebert vengèrent la mort de Clodomir, dont ils devaient cependant massacrer les enfants, et achevèrent la conquête de la Bourgogne (536).

Après les Burgondes et les Francs, le pays Viennois eut à subir les ravages des Sarrasins et des Lombards. Charles Martel le délivra des Sarrasins; Pépin le Bref et Charlemagne le sauvèrent des Lombards. Par malheur, lors du partage définitif de l'empire de Charlemagne, au traité de Verdun en 843, l'ancienne Allobrogie fut une des provinces détachées de la Gaule et abandonnées à l'empereur Lothaire. Lothaire reçut, avec l'Italie, les pays compris entre la Meuse et le Rhin, entre la Saône et le Jura, entre le Rhône et les Alpes, pays trop divers pour former un État, pays arrachés à leur cadre naturel, la Gaule, qui ne lui sont pas tous revenus et lui laissent encore au flanc des blessures saignantes.

Bien que s'autorisant de leur titre pour étendre leur suzeraineté sur la vallée du Rhône où s'était formé un second royaume de Bourgogne, dit *Bourgogne cisjurane*, les Césars allemands ne purent établir leur autorité dans ces régions trop éloignées du centre de leur puissance. Les vrais maîtres du pays viennois, c'étaient les évêques de Vienne et de Grenoble; les anciens officiers royaux, les propriétaires de vastes domaines. *Isarn*, évêque de Grenoble, avait fondé la puissance temporelle de son siége; les *comtes d'Albon* affermissaient leur pouvoir dans le Graisivaudan; les *Alleman*, les *Béranger*, les

La Grande Chartreuse.

Monteynard créaient de puissantes maisons, et on voyait se constituer, au onzième siècle, les *cinq baronnies* de Clermont, de Sassenage, de la Tour, de Montauban et de Meuillon. Chaque seigneur voulut avoir sa ville et alors furent fondées les villes nouvelles de la Tour-du-Pin, de Bourgoin, la Côte-Saint-André, Voiron, Voreppe, Saint-Marcellin. Pendant que tous ces seigneurs guerroyaient entre eux, un prêtre, *Bruno*, appelé par le grand évêque de Grenoble, saint Hugues, s'enfonçait dans les montagnes avec six religieux (1084) et s'établissait dans un site sauvage pour s'y consacrer au travail et à la prière : ce fut l'origine du monastère de la Grande-Chartreuse, huit fois brûlé, toujours reconstruit, et encore célèbre aujourd'hui.

Parmi les nouveaux maîtres de l'ancienne province viennoise, les comtes d'Albon ou de Graisivaudan ne tardèrent pas à prendre le premier rang, et l'un d'eux, Guigues IV, ayant placé dans ses armoiries le signe original d'un dauphin, on donna à ces comtes le nom de *Dauphins de Viennois*. A deux reprises différentes, à la fin du douzième et du treizième siècle, la dynastie des dauphins faillit s'éteindre, mais elle se ranima en se greffant sur des branches étrangères. L'héritière de Guigues VII, Anne, ayant épousé Humbert, l'héritier de la baronnie de la Tour-du-Pin, les deux maisons les plus puissantes du pays n'en formèrent plus qu'une. Humbert devint la tige de la troisième dynastie qui étendit son autorité en Savoie, dans les Hautes-Alpes et dans la vallée inférieure du Rhône. Bien que la dépendance féodale eût été rejetée par les fiers seigneurs du pays, presque tous se virent obligés de reconnaître le pouvoir souverain des dauphins. Ceux-ci, à leur tour, longtemps indépendants, se virent amenés à rendre hommage au roi de France.

En 1319, Guigues VIII épousa la fille du roi de France, Philippe le Long; il alla même guerroyer en Flandre, dans l'armée de Philippe et prit part à la bataille de Cassel. Philippe de Valois ne tarda pas à convoiter la riche seigneurie des dauphins et sut profiter du caractère inquiet de Humbert II pour le décider à signer un traité qui, moyennant

20,000 florins d'or, léguait le Dauphiné à la maison de France (1343). Dégoûté du monde, Humbert II n'attendit même pas la mort pour résigner sa souveraineté, qu'il vendit en 1349 à Philippe VI, à la condition que l'héritier présomptif de la couronne prendrait le titre de Dauphin. Philippe VI étant mort l'année suivante, son fils Jean, qui était alors duc de Normandie, ne porta pas le titre de Dauphin. Ce fut le fils aîné de

Château de Lesdiguières, à Vizille.

Jean le Bon, Charles, qui fut le premier Dauphin de la maison capétienne. Nulle province, dès lors, ne se montra plus française. Elle devint l'apanage des fils aînés de nos rois, qui perpétuèrent, durant cinq siècles, le nom des *dauphins*.

Un de ces fils de roi pourtant, le dauphin Louis (plus tard Louis XI), qui voulait être roi avant la mort de son père, essaya de réveiller à son profit les ferments d'indépendance qui survivaient encore dans le Dauphiné. Mais il ne trouva point dans son apanage un appui suffisant et il dut s'enfuir dans les

États du duc de Bourgogne. Lorsque sous Charles VIII, Louis XII et François Ier, les seigneurs du Nord descendirent la vallée du Rhône pour marcher à la conquête de l'Italie, les Dauphinois retrouvèrent l'ardeur des Allobroges et se portèrent en foule à la suite de nos rois. Ce fut alors que, par sa bravoure, la noblesse dauphinoise mérita le beau titre « d'escarlate de la noblesse françoise ». A Fornoue, on remarqua quarante-six gentilshommes dauphinois et parmi eux Bayard qui faisait ses premières armes ; à Marignan, trois cents ; à Pavie, cent quinze, sans compter ceux dont on a perdu les noms. Ce fut à un Dauphinois, le chevalier de Bouttières, qu'on dut en partie le succès de Cérisoles. D'Urre la Baume-Cornillon, surnommé Tartarin, jouissait d'une telle estime auprès de François Ier, que ce dernier dit un jour « que s'il fallait décider de sa querelle avec Charles-Quint en combat singulier il choisirait Tartarin pour second ».

Les guerres religieuses furent désastreuses pour le Dauphiné ; mais, si les cruautés du fameux baron des Adrets et de Montbrun chez les protestants, de Maugiron et de la Motte-Gondrin chez les catholiques, montrèrent que le rude caractère des hommes du moyen âge n'était pas encore adouci, De Gordes sauva les protestants de Grenoble en refusant, lors de la Saint-Barthélemy, d'obéir aux ordres sanguinaires de la cour. Le connétable de Lesdiguières, qui pacifia la contrée sous Henri IV, donna l'exemple de la plus sage administration après avoir fourni les preuves d'une rare vaillance. C'est à lui que Grenoble devait l'enceinte des fortifications détruites il y a quelques années, ses quais sur l'Isère, l'ancien pont de pierre, la terrasse des marronniers du Jardin de Ville, et toute la province, un grand nombre de travaux utiles. Il fit aussi élever le château de Vizille, qu'il se plut à habiter et où il reçut en 1623 la visite de Louis XIII.

Sous Louis XIV, la révocation de l'édit de Nantes porta un coup funeste à la propriété industrielle du Dauphiné qu'abandonnèrent cinquante mille protestants, et, pour comble de malheur, la province fut envahie et ravagée par le duc de

Grenoble.

Savoie (1691-92), en représailles de l'incendie du Palatinat.

Depuis 1628, le Dauphiné avait perdu sa représentation traditionnelle, ses États provinciaux : il formait un gouvernement militaire, une généralité financière, une intendance administrative, mais il n'était plus cette province quasi-indépendante qui s'était librement donnée au roi de France en stipulant le maintien de ses vieilles franchises. L'esprit des habitants de ce pays montagneux et sauvage était cependant demeuré fier, et quand la France, à la fin du dix-huitième siècle, se réveilla en essayant de détruire à jamais ce qu'on a appelé depuis l'ancien régime, les Dauphinois, se distinguant par leur enthousiasme, furent les premiers à donner l'exemple de la résistance.

Grenoble était devenue la principale ville de la province : elle était le siége du *Parlement*, créé en 1453, la résidence du gouverneur, de l'intendant, d'une chambre des comptes, d'un évêché suffragant de l'archevêché de Vienne; sa population s'était considérablement accrue depuis que Lesdiguières avait étendu l'enceinte. Aussi, lorsque les ministres aveugles du faible Louis XVI essayèrent de briser la résistance qu'opposaient à leurs édits arbitraires les différents parlements de France et qu'ils exilèrent celui de Grenoble, cette ville se souleva. Les habitants empêchèrent les magistrats de partir pour l'exil, et la journée du 7 juin 1788, dite la *Journée des Tuiles* (parce que les soldats furent assaillis de pierres et de tuiles lancées du haut des toits), fut comme le prélude des journées de la Révolution. Une assemblée des notables de la ville convoqua d'elle-même les municipalités : les députés des trois Ordres affluèrent à Grenoble de toute la province et reconstituèrent les anciens États provinciaux. Le gouverneur n'osa s'y opposer et laissa les députés se réunir au château de Vizille où, le 22 juillet 1788, ils tinrent une séance fameuse de seize heures : sous l'influence de Mounier et de Barnave, noms qui n'allaient pas tarder à devenir célèbres, nobles, clergé, tiers état, s'accordèrent « pour refuser tout impôt nouveau, tant que les représentants des trois Ordres n'en auraient pas délibéré dans les États généraux du royaume ». La formule des gouvernements constitutionnels venait de se préciser dans l'assemblée de Vizille et allait être consacrée bientôt par l'Assemblée nationale de 1789.

Comme toutes nos provinces, en échange de la liberté nouvelle et des avantages de l'unité française, le Dauphiné se résigna au sacrifice de ses vieux priviléges, de son existence provinciale. Lors de la création des départements en 1790, il fut fractionné en trois départements : Isère, Drôme et Hautes-Alpes. Mais ces divisions géométriques n'effacèrent pas le vieil esprit dauphinois, qui est demeuré vivace, et ne pouvaient changer le caractère de cette population laborieuse, encore aujourd'hui fière de ses traditions et de ses glorieux souvenirs.

Quoique ayant donné un des premiers le signal de l'agitation, le Dauphiné fut un des pays qui se laissèrent le moins emporter aux excès révolutionnaires. Les guerres de la République et de l'Empire réveillèrent et satisfirent les instincts belliqueux de ses habitants. Grenoble, en 1814, se prépara à une opiniâtre résistance contre l'armée alliée, mais les événements rendirent cette résistance inutile. Au mois de mars 1815, ce fut Grenoble qui rouvrit, en réalité, la France à Napoléon Ier revenant de l'île d'Elbe. « Une fois dans Grenoble, a-t-il dit lui-même, le sceptre de la France était ressaisi; j'étais redevenu une véritable puissance. » Mais ce fatal retour de l'Empereur devait coûter cher à la France et amena une seconde invasion plus prolongée, plus onéreuse que la première. Il ranima aussi les passions politiques, et la conspiration de Didier, cet avocat qui avait tour à tour flatté et abandonné les Bourbons et Napoléon, fut suivie de trop nombreuses exécutions (1816). Grenoble, hostile à la Restauration, perdit en 1824 sa Faculté de droit que le gouvernement supprima, mais que le gouvernement de Juillet lui rendit.

Depuis 1830, Grenoble, en réalité, n'a plus d'histoire : ainsi que toutes nos autres villes, elle vit et souffre de la vie et des souffrances de tous, mais les désastres de 1870-71 ont éveillé sur cette position militaire l'attention du gouvernement;

de nouvelles fortifications mettront désormais cette place en état de remplir dignement, en cas de nécessité, son rôle de boulevard de nos départements du sud-est.

VII. — Personnages célèbres.

Dixième siècle. — DE MONTEYNARD, qui combattit les Hongrois avec l'évêque de Grenoble Isarn. — Les familles des ALLEMAN et de BÉRENGER.

Seizième siècle. — PIERRE DU TERRAIL, seigneur de BAYARD ou Bayart, le chevalier sans peur et sans reproche, né en 1476 au château de Bayard, près de Pontcharra, mort le 30 avril 1524 à la bataille de Romagnano. — GUIFFREY DE BOUTTIÈRES, qui contribua au gain de la bataille de Cérisoles. — GUY D'AREN, plus connu sous le nom de LIVAROT, seigneur célèbre surtout par son duel avec Schomberg sous Henri III. — FRANÇOIS DE BEAUMONT, baron des ADRETS, chef calviniste, fameux par sa cruauté, né et mort au château de la Frette, près du Touvet.

Dix-septième siècle. — NICOLAS CHARIER, avocat au Parlement de Grenoble, auteur d'une histoire générale du Dauphiné. — ABEL SERVIEN, l'un des négociateurs du traité de Westphalie. — HUGUES DE LIONNE, diplomate et ministre sous Louis XIV. — PHILIS DE LA TOUR-DU-PIN DE LA CHARCE, héroïne qui repoussa du Dauphiné en 1692 les troupes du duc de Savoie. Elle descendait de la famille de Sassenage, qui avait hérité, au quatorzième siècle, du nom des la Tour-du-Pin.

Dix-huitième siècle. — Les frères PARIS, fameux financiers du règne de Louis XV. — PIERRE GUÉRIN DE TENCIN, archevêque d'Embrun, puis cardinal et archevêque de Lyon, ministre d'État sous Louis XV. — CLAUDINE-ALEXANDRINE GUÉRIN DE TENCIN, sœur du précédent, une des femmes les plus célèbres de la Régence par sa beauté, son esprit et ses relations avec les écrivains et les savants de son époque. Elle fut la mère du philosophe D'Alembert, qu'elle abandonna enfant et qu'elle voulut en vain reconnaître quand il fut devenu célèbre. — GABRIEL BONNOT DE MABLY, historien et naturaliste, frère utérin de Condillac, neveu et secrétaire du cardinal de Tencin. — ÉTIENNE BONNOT DE CONDILLAC, célèbre philosophe, auteur de l'*Essai sur l'origine des connaissances humaines*. — PIERRE-JOSEPH BERNARD, poète anacréontique, plus connu sous le nom de GENTIL-BERNARD que lui donna Voltaire. — JACQUES VAUCANSON, mécanicien, inventeur d'un moulin à organsiner, d'un métier à tisser les étoffes façonnées, de plusieurs automates, etc. — GRATET DE DOLOMIEU, célèbre géologue qui fit partie de l'expédition d'Égypte. — JEAN-JOSEPH MOUNIER, avocat, président de l'assemblée de Vizille, en 1788, membre des États généraux de 1789 et de la Constituante. — ANTOINE-PIERRE-JOSEPH-MARIE BARNAVE, avocat au parlement de Grenoble, député aux États généraux, membre de la Constituante, où il se distingua par son éloquence, arrêté comme suspect en 1792, et mort sur l'échafaud.

Dix-neuvième siècle. — JEAN BÉRENGER, député du tiers état aux États généraux, membre du conseil des Cinq-Cents, comte de l'Empire. — JACQUES BERRIAT-SAINT-PRIX, professeur de droit à la faculté de Paris. — MICHEL PICHAT, auteur tragique, auteur de *Léonidas* et de *Guillaume Tell*. — HENRI BEYLE, critique et romancier plus connu sous le pseudonyme de STENDHAL. — Le poète CHARLES REYNAUD. — Le compositeur HECTOR BERLIOZ. — CASIMIR PÉRIER, député sous la Restauration, président du conseil des ministres sous Louis-Philippe, mort en 1832. — LOUIS-JOSEPH VICAT, ingénieur, célèbre par ses recherches sur la composition des meilleurs ciments. — XAVIER JOUVIN, à qui Grenoble doit en partie le développement actuel de son industrie gantière. — Le poëte FRANÇOIS PONSARD, de l'Académie française. — JACQUES-LOUIS-CÉSAR-ALEXANDRE RANDON, maréchal de France, ancien gouverneur de l'Algérie, ancien ministre de la guerre. — Le peintre E. HÉBERT, directeur de l'école française de Rome.

VIII. — Population, langue, culte, instruction publique.

La *population* de l'Isère s'élève, d'après le recensement de 1872, à 575,784 habitants (286,540 du sexe masculin,

289,244 du sexe féminin). A ce point de vue, c'est le treizième département. Le chiffre des habitants divisé par celui des hectares donne environ 69 habitants par 100 hectares ou par kilomètre carré; c'est ce qu'on nomme la *population spécifique*. La densité de la population dans l'Isère est, par conséquent, égale à celle de l'ensemble de notre pays (68 à 69).

Depuis 1801, date du premier recensement, jusqu'en 1866, l'Isère a gagné 145,498 habitants; mais depuis elle en a perdu 5,602, par suite de la guerre désastreuse de 1870-1871.

La langue française est comprise et parlée partout dans le département de l'Isère; néanmoins un patois, dérivé de la langue romane provençale, est employé de préférence par les habitants des montagnes, qui se distinguent par leur accent traînant et les liaisons vicieuses qu'ils établissent entre les mots.

Presque tous les habitants de l'Isère sont catholiques. Sur les 575,784 habitants de 1872, on ne comptait que 4,000 à 4,500 protestants et un très petit nombre d'israélites. On trouve une colonie de jansénistes qui compose une partie de la population de Notre-Dame-de-Vaulx, canton de la Mure.

Le nombre des *naissances* a été, en 1865, de 15,290, dont 825 mort-nés; celui des *décès*, de 14,264; celui des *mariages*, de 4,752.

La *vie moyenne* est de 35 ans 2 mois.

Le *lycée* de Grenoble a compté, en 1875, 369 élèves; les *colléges communaux* de Saint-Marcellin, Vienne et Bourgoin, 409; *institutions secondaires libres*, 363; *écoles primaires*, 88,061; *salles d'asile*, 4,307.

Le recensement de 1866 a donné les résultats suivants :

Ne sachant ni lire ni écrire.	208,979
Sachant lire seulement.	95,882
Sachant lire et écrire.	267,681
Dont on n'a pu vérifier l'instruction.	4,378
Total de la population civile.	576,920

Sur 32 accusés de crimes, en 1871, on a compté :

Accusés ne sachant ni lire ni écrire.	12
— sachant lire ou écrire imparfaitement. . .	17
— sachant bien lire et bien écrire.	1
— ayant reçu une instruction supérieure à ce premier degré.	2
Total.	32

IX. — Divisions administratives.

Le département de l'Isère forme, avec le canton de Villeurbanne (Rhône), le diocèse de Grenoble (suffragant de Lyon) ; — la 1re subdivision de la 22e division militaire (Grenoble) du 4e corps d'armée (Lyon). — Il ressortit : à la cour d'appel de Grenoble, — à l'Académie de Grenoble, — à la 22e légion de gendarmerie (Grenoble), — à la 6e inspection des ponts et chaussées, — à la 14e conservation des forêts (Grenoble), — à l'arrondissement minéralogique de Grenoble (division du sud-est), — à la 6e région agricole (est). — Il comprend 4 arrondissements (Grenoble, Saint-Marcellin, la Tour-du-Pin, Vienne), 45 cantons, 555 communes.

Chef-lieu du département : GRENOBLE.
Chefs-lieux d'arrondissement : GRENOBLE ; SAINT-MARCELLIN ; LA TOUR-DU-PIN ; Vienne.

Arrondissement de Grenoble (20 cant.; 212 com.; 319,003 hect.; 220,317 h.).
Canton d'Allevard (6 com. ; 26,485 hect. ; 8,182 h.) — Allevard — Chapelle-du-Bard (La) — Ferrière (La) — Moutaret (Le) — Pinsot — Saint-Pierre-d'Allevard.
Canton du Bourg-d'Oisans (20 com. ; 64,385 hect. ; 14,132 h.) — Allemont-en-Oisans — Auris-en-Oisans — Besse-en-Oisans — Bourg-d'Oisans (Le) — Clavans — Fresney (Le) — Garde (La) — Huez — Livet-et-Gavet — Mizoën — Mont-de-Lans — Ornon — Oulles — Oz — Saint-Christophe-en-Oisans — Vaujany — Venosc — Villard-Eymond — Villard-Reculas — Villard-Reymond.
Canton de Clelles (8 com. ; 23,986 hect.; 3,868 h.) — Chichilianne — Clelles — Lalley — Monestier-du-Percy (Le) — Percy (Le) — Saint-Martin-de-Clelles — Saint-Maurice-en-Trièves — Saint-Michel-les-Portes.
Canton de Corps (12 com. ; 11,387 hect. ; 5,121 h.) — Ambel — Beaufin

— Corps — Côtes-de-Corps (Les) — Monestier-d'Ambel (Le) — Quet — Saint-Laurent-en-Beaumont — Saint-Michel-en-Beaumont — Saint-Pierre-de-Méaroz — Sainte-Luce — Salette-Fallavaux (La) — Salle (La).

Canton de Domène (11 com.; 11,189 hect.; 9,275 h.) — Combe-de-Lancey — Domène — Laval — Muriannette — Revel — Saint-Jean-le-Vieux — Saint-Martin-d'Uriage — Saint-Mury-Monteymont — Sainte-Agnès — Versoud (Le) — Villard-Bonnot.

Canton de Goncelin — (12 com.; 12,044 hect.; 11,639 h.) — Adrets (Les) — Champ (Le) — Cheylas (Le) — Froges — Goncelin — Hurtières — Morêtel — Pierre (La) — Pontcharra — Saint-Maximin — Tencin — Theys.

Canton de Grenoble (est) (10 com.; 8,912 hect.; 22,143 h.) — Bernin — Biviers — Corenc — Grenoble (est) — Meylan — Montbonnot-Saint-Martin — Saint-Ismier — Saint-Nazaire — Sappey (Le) — Tronche (La).

Canton de Grenoble (nord) (8 com.; 7,872 hect.; 18,461 h.) — Fontanil — Grenoble (nord) — Mont-Saint-Martin — Proveysieux — Quaix — Saint-Égrève — Saint-Martin-le-Vinoux — Sarcenas.

Canton de Grenoble (sud) (9 com.; 6,267 hect.; 20,878 h.) — Bresson — Échirolles — Eybens — Gières — Grenoble (sud) — Herbeys — Poizat — Saint-Martin-d'Hères — Venon.

Canton de Mens (11 com.; 22,872 hect.: 6,538 h.) — Cordéac — Cornillon — Lavars — Mens — Pellafol — Prébois — Saint-Baudille-et-Pipet — St-Genis — St-Jean-d'Hérans — St-Sébastien-de-Cordéac — Tréminis.

Canton de Monestier-de-Clermont (11 com.; 18,057 hect.; 4,310 h.) — Avignonet — Château-Bernard — Gresse — Miribel-et-Lanchâtre — Monestier-de-Clermont — Roissard — Saint-Andéol — Saint-Guillaume — Saint-Paul-lès-Monestier — Sinard — Treffort.

Canton de la Mure (20 com.; 18,620 hect.; 13,257 h.) — Cholonge — Cognet — Marcieu — Mayres — Monteynard — Motte-d'Aveillans (La) — Motte-Saint-Martin (La) — Mure (La) — Nantes — Notre-Dame-de-Vaulx — Pierre-Châtel — Ponsonnas — Prunières — St-Arey — St-Honoré — St-Théoffrey — Savel — Sousville — Susville — Villard-St-Christophe.

Canton de Saint-Laurent-du-Pont (7 com.; 28,207 hect.; 10,200 h.) — Entre-deux-Guiers — Miribel-les-Échelles — Saint-Christophe-entre-deux-Guiers — Saint-Joseph-de-Rivière — Saint-Laurent-du-Pont — Saint-Pierre-de-Chartreuse — Saint-Pierre-d'Entremont.

Canton de Sassenage (7 com; 9,569 hect.; 6,173 h.) — Engins — Fontaine — Noyarey — Parizet — Sassenage — Seyssins — Veurey.

Canton du Touvet (14 com.; 15,626 hect.; 12,268 h.) — Barraut — Buissière (La) — Chapareillan — Crolles — Flachère (La) — Lumbin — Saint-Bernard — Saint-Hilaire — Saint-Pancrasse — Saint-Vincent-de-Mercuze — Sainte-Marie-d'Alloix — Sainte-Marie-du-Mont — Terrasse (La) — Touvet (Le).

Canton de Valbonnais (10 com.; 35,529 hect.; 5,493 h.) — Chantelouve — Entraigues — Lavaldens — Morte (La) — Oris-en-Rattier — Périer (Le) — Siévoz — Valbonnais — Valette (La) — Valjouffrey.

Canton de Vif (7 com.; 13,015 hect.; 8,308 h.) — Allières-et-Risset —

Claix — Cluse-et-Pâquier (La) — Gua (Le) — Saint-Paul-de-Varces — Varces — Vif.

Canton de Villard-de-Lans (5 com.; 26,021 hect.; 5,509 h.) — Autrans — Corençon — Lans — Méaudre — Villard-de-Lans.

Canton de Vizille (16 com.; 15,860 hect.; 13,558 h.) — Brié-et-Angonnes — Champ — Champagnier — Jarrie — Laffrey — Montchaboud — Notre-Dame-de-Commiers — Notre-Dame-de-Mésage — Saint-Barthélemy-de-Séchilienne — Saint-Georges-de-Commiers — Saint-Jean-de-Vaux — Saint-Pierre-de-Mésage — Séchilienne — Vaulnaveys-le-Bas — Vaulnaveys-le-Haut — Vizille.

Canton de Voiron (10 com.; 14,700 hect.; 21,004 h.) — Buisse (La) — Chirens — Coublevie — Pommiers — St-Aupre — St-Étienne-de-Crossey — St-Julien-de-Raz — St-Nicolas-de-Macherin — Voiron — Voreppe.

Arrondissement de Saint-Marcellin (7 cant.; 86 com.; 100,867 hect.; 80,379 h.).

Canton de Pont-en-Royans (12 com.; 14,608 hect.; 7,595 h.) — Auberives-en-Royans — Beauvoir-en-Royans — Châtelus — Choranche — Izeron — Pont-en-Royans — Presles — Rencurel — Saint-André-en-Royans — St-Just-de-Claix — St-Pierre-de-Chérenne — St-Romans.

Canton de Rives (12 com.; 9,858 hect.; 15,808 h.) — Beaucroissant — Charnècles — Izeaux — Moirans — Murette (La) — Reaumont — Renage — Rives — Saint-Blaise-de-Buis — Saint-Cassien — Saint-Jean-de-Moirans — Vourey.

Canton de Roybon (11 com.; 16,154 hect.; 8,366 h.) — Beaufort — Châtenay — Lentiol — Marcilloles — Marcolin — Marnans — Montfalcon — Roybon — Saint-Clair-sur-Galaure — Thodure — Viriville.

Canton de Saint-Étienne-de-Saint-Geoirs (13 com.; 14,378 hect.; 11,585 h.) — Bressieux — Brezins — Brion — Frette (La) — Penol — Plan — Saint-Étienne-de-Saint-Geoirs — Saint-Geoirs — Saint-Michel-de-Saint-Geoirs — Saint-Pierre-de-Bressieux — Saint-Siméon-de-Bressieux — Sardieu — Sillans.

Canton de Saint-Marcellin (16 com.; 19,325 hect.; 17,234 h.) — Bessins — Chatte — Chevrières — Dionay — Montagne — Murinais — Saint-Antoine — Saint-Apollinard — Saint-Bonnet-de-Chavagne — Saint-Hilaire-du-Rosier — Saint-Lattier — Saint-Marcellin — Saint-Sauveur — Saint-Vérand — Sône (La) — Têche-et-Beaulieu.

Canton de Tullins (11 com.; 13,532 hect.; 10,652 h.) — Cras — Forteresse (La) — Montaud — Morette — Poliénas — Quincieux — Rivière (La) — Saint-Paul-d'Izeaux — St-Quentin-sur-Isère — Tullins — Vatilieu.

Canton de Vinay (11 com.; 13,012 hect.; 9,339 h.) — Albenc (L') — Chantesse — Chasselay — Cognin — Malleval — Nerpol-et-Serre — Rovon — Saint-Gervais — Varacieux — Vinay.

Arrondissement de la Tour-du-Pin (8 cant.; 123 com.; 126,770 hect.; 127,990 h.).

Canton de Bourgoin (12 com.; 16,088 hect.; 20,636 h.) — Badinières — Bourgoin — Châteauvilain — Éparres (Les) — Jallieu — Montceau — Ruy — Saint-Chef — Saint-Marcel — Saint-Savin — Sérézin — Succieu.

Canton de Crémieu (26 com.; 26,338 hect.; 17,968 h.) — Amblagnieu — Annoisin-et-Chatelans — Balme (La) — Chamagnieu — Chozeau — Crémieu — Dizimieu — Frontonas — Hières — Leyrieu — Moras — Optevoz — Panossas — Parmilieu — Saint-Baudille — Saint-Hilaire-de-Brens — Saint-Romain-de-Jalionas — Siccieu-Saint-Julien — Soleymieu — Tignieu-Jameyzieu — Trept — Vénérieu — Vernaz — Vertrieu — Veyssilieu — Villemoirieu.

Canton du Grand-Lemps (13 com.; 14,728 hect.; 12,958 h.) — Apprieu — Belmont — Bevenais — Biol — Bizonnes — Burcin — Châbons — Colombe — Eydoche — Flachères — Grand-Lemps (Le) — Longechenal — Saint-Didier-de-Bizonne.

Canton de Morestel (19 com.; 23,003 hect.; 21,074 h.) — Arandon — Avenières (Les) — Bouchage (Le) — Bouvesse-Quirieu — Brangues — Chareste — Courtenay — Creys-et-Pusignieu — Curtin — Mépieu — Montalieu-Vercieu — Morestel — Passins — Saint-Sorlin — Saint-Victor-de-Morestel — Sermérieu — Thuélin — Veyrins — Vézeronce.

Canton de Pont-de-Beauvoisin (15 com.; 11,106 hect.; 17,769 h.) — Abrets (Les) — Aoste — Bâtie-Montgascon (La) — Chimilin — Corbelin — Fitilieu — Folatière (La) — Granieu — Pont-de-Beauvoisin — Pressins — Romagnieu — Saint-Albin-de-Vaulserre — Saint-André-le-Gaz — Saint-Jean-d'Avelane — Saint-Martin-de-Vaulserre.

Canton de Saint-Geoire (8 com.; 11,146 hect.; 9,367 h.) — Bâtie-Divisin (La) — Charancieu — Merlas — Montferrat — Paladru — Saint-Bueil — Saint-Geoire — Voissan.

Canton de la Tour-du-Pin (16 com.; 13,491 hect.; 18,778 h.) — Cessieu — Chapelle-de-la-Tour (La) — Dolomieu — Faverges — Montagnieu — Montcarra — Rochetoirin — Saint-Clair-de-la-Tour — Saint-Didier-de-la-Tour — Saint-Jean-de-Soudin — Saint-Victor-de-Cessieu — Sainte-Blandine — Torchefelon — Tour-du-Pin (La) — Vasselin — Vignieu.

Canton de Virieu (14 com.; 10,870 hect.; 9,440 h.) — Billieu — Blandin — Charavines — Chassignieu — Chélieu — Doissin — Montrevel — Oyeu — Panissage — Passage (Le) — Pin (Le) — Saint-Ondras — Valencogne — Virieu.

Arrondissement de Vienne (10 cant.; 134 com.; 175,372 hect.; 147,098 h.).

Canton de Beaurepaire (15 com.; 19,904 hect.; 11,469 h.) — Beaurepaire — Bellegarde-et-Poussieu — Châlon — Cour-et-Buis — Jarcieu — Moissieu — Monsteroux-Milieu — Montseveroux — Pact — Pisieu — Pommier-de-Beaurepaire — Primarette — Revel-et-Tourdan — Saint-Barthélemy-de-Beaurepaire — Saint-Julien-de-l'Herms.

Canton de la Côte-Saint-André (14 com.; 16,443 hect.; 13,150 h.) — Arzay — Balbin — Bossieu — Champier — Commelle — Côte-Saint-André (La) — Faramans — Gillonnay — Mottier (Le) — Nantoin — Ornacieux — Pajay — Saint-Hilaire-de-la-Côte — Semons.

Canton d'Heyrieu (11 com.; 21,726 hect.; 11,673 h.) — Diémoz — Grenay — Heyrieu — Oytier-et-Saint-Oblas — Saint-Bonnet-de-Mure —

Saint-Georges-d'Espéranche — Saint-Just-Chaleyssin — Saint-Laurent-de-Mure — Saint-Pierre-de-Chandieu — Toussieu — Valencin.

Canton de Meyzieu (14 com.; 15,941 hect.; 12,660 h.) — Anthon — Charvieu — Chassieu — Chavagnieu — Chavanoz — Décines-et-Charpieu — Genas — Janneyrias — Jonage — Jons — Meyzieu — Pont-de-Chéruy — Pusignan — Villette-d'Anthon.

Canton de Roussillon (21 com.; 23,481 hect.; 16,630 h.) — Agnin — Anjou — Assieu — Auberive — Bougé-Chambalud — Chanas — Chapelle (La) — Cheyssieu — Clonas — Péage-de-Roussillon (Le) — Roussillon — Sablon — Saint-Alban-du-Rhône — Saint-Clair — Saint-Maurice-d'Exil — Saint-Prim — Saint-Romain-de-Surieu — Salaise — Sonnay — Vernioz — Ville-sous-Anjou.

Canton de Saint-Jean-de-Bournay (15 com.; 20,224 hect.; 14,065 h.) — Artas — Beauvoir-de-Marc — Châtonnay — Culin — Éclose — Lieudieu — Meyrieu — Meyssiès — Royas — St-Agnin — St-Jean-de-Bournay — Ste-Anne-d'Estrablin — Savas-Mépin — Tramolé — Villeneuve.

Canton de Saint-Symphorien-d'Ozon (12 com.; 15,920 hect.; 11,959 h.) — Chaponnay — Communay — Corbas — Feyzin — Marennes — Mions — Saint-Priest — Saint-Symphorien-d'Ozon — Sérézin-du-Rhône — Simandres — Solaise — Ternay.

Canton de la Verpillière (16 com.; 16,335 hect.; 13,467 h.) — Bonnefamille — Chèzeneuve — Colombier-et-Saugnieu — Crachier — Domarin — Four — Isle-d'Abeau (L') — Maubec — Meyrié — Roche — Saint-Alban-de-Roche — Saint-Quentin — Satolas-et-Bonce — Vaulx-Milieu — Verpillière (La) — Ville-Fontaine.

Canton de Vienne (nord) (7 com.; 12,336 hect.; 18,813 h.) — Chasse — Luzinay — Pont-Évêque — Septème — Syessuel — Vienne (nord) — Villette-Serpaise-et-Thuzelle.

Canton de Vienne (sud) (10 com.; 13,062 hect.; 23,212 h.) — Chonas — Côtes-d'Arey (Les) — Estrablin — Eyzin-Pinet — Jardin — Moidieu — Reventin-et-Vaugris — Roches (Les) — Saint-Sorlin — Vienne (sud).

X. — Agriculture.

Sur les 828,934 hect. du départ., on compte, en nombres ronds:

Terres labourables.	318,000 hect.
Prés.	69,300
Vignes.	25,300
Bois.	178,000
Landes.	165,800

Le reste se partage entre les farineux, les cultures potagères, maraîchères et industrielles, les étangs, les emplacements de villes, de bourgs, de villages, de fermes, les surfaces prises par les routes, les chemins de fer, les cimetières, etc.

En nombres ronds, on compte dans le département 41,000 chevaux, ânes et mulets, 189,000 bœufs, 251,000 moutons, 63,500 porcs, 64,000 chèvres et plus de 35,000 chiens. Les vaches, dont les plus belles sont celles du Villard-de-Lans, donnent un lait délicieux avec lequel se fabriquent les excellents fromages d'Oisans, de Saint-Marcellin et de Sassenage. L'élève des mulets constitue une industrie importante, surtout dans l'Oisans. Les chevaux sont vigoureux et de belle taille. Un grand nombre de localités, entre autres celle d'Aoste, engraissent des volailles estimées.

L'Isère doit à la différence des altitudes une grande variété dans ses productions. Sous ce rapport, le département se divise en trois régions : la région du Nord, la région du Sud et celle de l'Ouest. La première comprend l'arrondissement de la Tour-du-Pin et une partie de celui de Saint-Marcellin. Le territoire de cette région, désigné sous le nom de *Terres-Froides*, se compose en grande partie de terres marécageuses qui produisent principalement des céréales et du chanvre, et du vin en petite quantité.

La *région du Sud* est formée de l'arrondissement de Grenoble et de l'autre portion de celui de Saint-Marcellin. Elle se subdivise en trois parties : les plaines, les coteaux et les montagnes. Les premières et surtout le Graisivaudan produisent des céréales ; de belles plantations de mûriers et de chanvre y bordent le cours de l'Isère. Les produits des *coteaux* varient selon leur exposition ; ceux qui sont tournés vers le midi et l'orient sont occupés par des champs de céréales, des prairies, des plantations de mûriers et des vignes. Le vin, à l'exception de celui de Château-Bayard, des Balmes-de-Claix, de Saint-Marcellin, de Tullins et de la côte Saint-André est généralement médiocre. Sur les coteaux qui regardent le nord, les terrains sont occupés par des champs de seigle, d'avoine, de blé, de pommes de terre, et par des bois de châtaigniers et des taillis. — Les *montagnes* sont partagées en quatre zones. La première, comprise entre la plaine et une altitude de 900 à 1,000 mètres, produit du seigle et des pommes de terre ; les parties extrêmes de cette zone sont occupées par des taillis et des bois de châtaigniers. La deuxième zone est couverte presque entièrement de forêts d'arbres résineux. Au-dessus s'étendent des gazons, des pelouses, des prairies émaillées des fleurs les plus rares, et où croît naturellement le rhododendron. La quatrième zone appartient aux glaciers.

La *région de l'Ouest* (arrondissement de Vienne) produit des céréales ; on y trouve des plantations de mûriers et surtout de beaux vignobles compris dans la région vinicole dite des Côtes du Rhône. Mais les produits en sont bien inférieurs comme qualité aux vins des autres départements faisant partie de la même région. Les meilleurs sont ceux de « la Porte-de-Lyon, Reventin et Seyssuel, près de Vienne, vins rouges qui ne manquent ni de corps, ni de bon goût, ni de spirituosité : ce sont du reste de simples ordinaires. »

L'Isère est une des contrées de la France où l'agriculture a fait le plus de progrès, grâce au caractère industrieux et à l'admirable persévérance des habitants. Dans quelques parties du département, les montagnes sont mises en culture jusqu'au point où l'altitude forme une barrière infranchissable. Elles sont divisées en gradins, formés de murs de pierres sèches, portant des champs soigneusement cultivés. Pour élever ces murs, le paysan a dû transporter à bras tous les matériaux; pour transformer ces terrains incultes, il lui a fallu les recouvrir de terre végétale apportée quelquefois de très-loin. Tous ces champs sont entièrement cultivés à la bêche et le cultivateur transporte à bras les récoltes dans ses greniers. Malgré ces efforts, les habitants des montagnes ne peuvent vivre de culture ; un grand nombre d'entre eux, particulièrement dans l'Oisans, émigrent, et vont demander au commerce d'autres ressources. L'habitant de l'Oisans se fait colporteur, débitant d'épicerie ou de droguerie, fleuriste, etc. Certains fleuristes de Mont-de-Lans, de Venosc, d'Auris ont fait plusieurs voyages en Amérique.

Dans les plaines et dans les vallées, l'agriculture est de plus favorisée par les irrigations et la facilité des transports. Dans la vallée de l'Oisans, qu'arrose la Romanche, une foule de petites dérivations fertilisent les prairies. Dans le Graisivaudan et ses prolongements, les cultivateurs font toujours deux récoltes par an.

Le Dauphiné est assurément le pays le plus riche de France sous le rapport botanique. On y trouve toutes les plantes du midi de la France. Les sommets alpestres offrent la végétation la plus magnifique et la plus bizarre et l'on y voit les espèces rares qu'on ne trouve que dans le nord de l'Europe et dans les contrées boréales. Les régions dauphinoises du col de l'Arc, de la Grande-Chartreuse, du Mont-de-Lans, etc., sont célèbres dans le monde des naturalistes.

L'arrondissement le plus boisé est celui de Grenoble, où l'on trouve les *forêts* de la Grande-Chartreuse, de Saint-Guillaume, de Rioupéroux et de Saint-Hugon. La forêt de Chambaran est dans l'arrondissement de Saint-Marcellin. La surface boisée dépasse 178,000 hectares. On y trouve presque toutes les espèces résineuses : le sapin, qui y atteint d'énormes proportions, le pin, l'épicéa, etc.; le hêtre, le fayard, le chêne, le charme, le tremble, le bouleau, le coudrier, le châtaignier, le cotonnier commun, le sorbier, l'érable, le frêne, le cornouiller. Le tilleul se rencontre principalement dans les environs de Sassenage, de Pariset, de Lans, etc.; le sycomore, dans l'Oisans, à Allevard, à la Grande-Chartreuse. Le bois de bourdaine, dont le charbon est excellent pour la fabrication de la poudre, est commun, ainsi que le fusain, dont le charbon sert aux dessinateurs. Citons encore le houx, l'ébénier, le merisier, le néflier, l'orme, l'aune, le peuplier, le saule, etc. L'ours se montre quelquefois dans les forêts du département, et l'aigle hante les crêtes rocheuses des Alpes dauphinoises.

Les forêts étaient jadis beaucoup plus vastes, mais le développement insensé des pâturages les a détruites en partie. La plupart de ces pâturages sont affermés à titre de bail à des bergers de Provence, qui tous les étés y amènent des troupeaux de moutons. Les végétaux qui recouvrent les montagnes, une fois détruits, n'absorbent plus les eaux pluviales qui vont grossir les torrents ou en former de nouveaux. Les abus du parcours des troupeaux étrangers et le déboisement des pentes paraissent être la cause des inondations accumulées sur l'Oisans et sa vallée centrale.

Les *arbres fruitiers* croissent principalement sur les coteaux. Outre le merisier, dont les fruits servent à la fabrication du kirsch, et le châtaignier, on rencontre dans l'Isère le figuier, l'amandier, l'abricotier, le noyer, le cerisier et le pêcher, dispersé dans les vignes.

XI. — Industrie.

Presque tous les métaux connus se rencontrent sur le territoire. L'Isère possède plusieurs **mines d'or**, mais celle de la Gardette, hameau de la commune de Villard-Eymond est la seule où le précieux métal se rencontre à l'état natif. Le gîte de la Gardette est un filon de quartz renfermant du cuivre sulfuré, de la galène, de la blende et de l'or natif. Les autres mines d'or du département sont celles d'Allevard, où l'or se trouve mêlé en très-faible quantité au cuivre gris argentifère; celle d'Auris-en-Oisans, qui offre un mélange d'antimoine, de plomb, de cuivre, de zinc, d'or et d'argent; celles de Bourg-d'Oisans, des Chalanches (commune d'Allemont), de la Cochette, du Molard, dans lesquelles l'or se trouve également mêlé dans des proportions très-minimes à d'autres métaux. Le Rhône roule, dit-on, des sables aurifères.

Les principales **mines d'argent** sont celles des Chalanches, où l'argent se trouve à l'état natif, mais où l'on aura toujours à lutter contre une foule d'obstacles, dont le plus sérieux est la position de la mine à une hauteur considérable, sur une montagne escarpée, dont les chemins sont encombrés de 1 à 2 mètres de neige pendant l'hiver. — Il existe d'autres mines d'argent sur le plateau de Brandes, mais elles sont abandonnées.

Les gisements de *cuivre* sont celui des Allières, qui renferme du cuivre jaune et du cuivre gris argentifère ; ceux de Brandes, de l'Herpie, du Lac-Blanc, d'Ornon ; les filons de cuivre gris d'Oulles, qui ne peuvent donner lieu à aucune exploitation régulière ; ceux d'Oz, qui sont exploités, et surtout les mines de cuivre du vallon de Theys. On a reconnu à diverses époque l'existence du *mercure* à Prunières, aux Chalanches et à Saint-Arey.

L'Isère renferme un grand nombre de **mines de fer**, (237,000 quintaux métriques de minerai chaque année), dont les plus importantes sont celles du pays d'Allevard, célèbre par ses richesses métallurgiques : indépendamment de toutes les variétés du fer carbonaté, on y trouve les fers oligiste, micacé, hydraté, sulfaté, etc. Les mines de fer du pays d'Allevard s'étendent sur les communes d'Allevard, de la Ferrière, de Saint-Pierre-d'Allevard et de Pinsot. On rencontre également du minerai dans tout le vallon de Vaulnaveys, dans les vallées de la Romanche et de l'Olle, dans le canton de la Mure, à Saint-Quentin et à la Verpillière, dont les minerais alimentent les forges et les fonderies de Vienne.

On exploite des *mines de plomb* aux environs de Vienne. Celles du Mont-Pipet sont abandonnées. On trouve aussi du plomb aux environs d'Oulles, à Theys, etc. — Le *cobalt* ne se rencontre à l'état natif que dans les filons d'argent des Chalanches. Il en est de même du *nickel* et de l'*antimoine*. — On a reconnu l'existence de plusieurs gîtes de *zinc* sulfuré dans le département de l'Isère ; les principaux sont celui de Laffrey et celui de Séchilienne.

On rencontre du *cristal de roche* à Mizoën et à Mont-de-Lans, et, sur le territoire de Vaujany, l'*émeraude* blanche et verdâtre.

Les carrières de marbre de l'Isère se trouvent dans l'arrondissement de Grenoble. Ce sont celles de la vallée de la Bonne (blanc, rose et vert), des Chalanches (marbres blanc et gris), de l'Échaillon (teinte rosée), de Laffrey (gris blanchâtre). La carrière du Peychagnard, au-dessus de la Mure, donne un marbre noir mélangé de blanc. Les environs de Theys fournissent des blocs de marbre noir à veines jaunes. Les produits du Valsenestre sont, dit-on, préférables au marbre de Carrare. Citons aussi les carrières de Vaujany (marbre blanc), sur la rive droite du Flumet ; le marbre noir de Corps et d'Angray, la brèche du Fresney, le marbre jaune de Sassenage, le marbre gris noir à veines blanches de la Porte-de-France, à l'entrée de Grenoble, et surtout la *serpentine de la Rochette*. La serpentine, presque sans veines et sans fissures, se travaille facilement au tour et pourrait servir à faire des mortiers, des vases d'ornement, etc.; malheureusement la difficulté des transports s'oppose à son exploitation.

Le nombre des **carrières de pierre** de l'Isère est considérable. Montalieu est renommé pour ses pierres dures, dont s'approvisionne la ville de Lyon. A Claix, on se livre à l'exploitation de belles roches semblables à celles de Sassenage, et employées surtout à la fabrication du ciment. Les belles carrières de Tencin fournissent des pierres schisteuses dont on s'est servi pour bâtir en grande partie les digues de l'Isère. Dans les environs de Trept sont des carrières d'une pierre blanche très-propre à la construction. Au pied des escarpements de la Gardette, on exploite des blocs de pierre écroulés du haut de la montagne. Il existe aussi des carrières de pierre dans les environs d'Amblagneux, de Saint-Alban, de Grenoble, d'Hyères, de Morestel, de Saint-Quentin-sur-Isère, de Voreppe, du Fontanil, de la Sône, etc.

Les *sables réfractaires* sont exploités principalement à Voreppe. — Le *tuf* se trouve dans les environs de Vizille, à Saint-Sauveur, à la Buisse, et dans un grand nombre d'autres localités. — Le territoire de Bernin et les environs de Grenoble, renferment de la *pierre à ciment* d'une qualité supérieure. — Saint-Christophe-en-Oisans possède une mine de *graphite* inexploitée. — Les carrières de *gypse*, très-nombreuses, se trouvent toutes dans l'arrondissement de Grenoble.

Les **ardoisières** de l'Isère se trouvent dans la vallée de la Romanche. Les produits en sont fins et légers, mais ils durent peu. Les ardoisières en exploitation sont celles d'Allemont, de Mizoën, du Mont-de-Lans, d'Oz, d'Ornon, d'Oulles, dont les ardoises sont très-estimées. Les *lauzes*, ardoises épaisses employées pour le carrelage et pour la couverture des maisons dans quelques villages, s'exploitent principalement à Montchaboud, au-dessus de Vizille, à Fontaine, et sur la montagne de Brame-Farine.

L'Isère renferme deux *concessions houillères*, sur les communes de Communay et de Ternay, aux environs de Vienne; elles font partie du bassin de Rive-de-Gier, qui se continue par-dessous le Rhône.

Les principales mines d'**anthracite** (900,000 quintaux métriques environ de combustible par an) se trouvent dans le canton de la Mure. L'exploitation en est considérable. Sur le plateau de Brandes est une carrière d'anthracite d'où il s'extrait chaque année 1,000 à 1,500 quintaux métriques, puis une autre carrière plus élevée, dont l'exploitation, à cause du froid, ne peut être régulière que pendant trois mois de l'année. Ce gîte, de 2 ou 3 mètres d'épaisseur, forme l'extrémité septentrionale d'une branche de grès à anthracite qui commence au rocher de Ferrarez, près de Venosc, et traverse la vallée de la Romanche en se dirigeant en droite ligne vers le nord. Sa longueur est de 12 kilomètres, sa largeur moyenne de 150 mètres seulement. Des mines d'anthracite bien autrement considérables sont celles de Peychagnard. Les concessions importantes sont situées dans les communes de Surville (Peychagnard), Pierre-Châtel, la Motte-d'Aveillans, la Motte-Saint-Martin, Notre-Dame-de-Vaux et Saint-Jean-de-Vaux. Les couches d'anthracite de Peychagnard ont, en certains endroits, une épaisseur de 10 et même 14 mètres. Le territoire de l'Isère offre un grand nombre de gîtes de *lignite* (45,000 quintaux métriques environ de combustible par an). L'arrondissement de la Tour-du-Pin est le plus riche sous ce rapport. Le lignite est exploité à Saint-André-le-Gaz, Sainte-Blandine, la Chapelle-de-la-Tour, Saint-Didier-de-la-Tour, Pommier, Saint-Victor-de-Cessieu, etc.

Les principales *tourbières* sont celles de Bourgoin (6,514 hectares), réparties sur 23 communes. Elles décrivent, de l'E. à l'O., un immense arc de cercle, dont l'Ile-d'Abeau occupe la convexité tournée vers le S., et qui se termine dans la vallée du Rhône, vis-à-vis de l'embouchure de l'Ain. La longueur totale de ces marais est de 35 kilomètres environ. A l'E. de cette ligne de marécages s'en étend une autre qui va de Morestel aux Avenières et se réunit au Rhône vis-à-vis de l'embouchure du Guiers. Ces tourbières produisent en moyenne environ 143,000 quintaux métriques, ayant une valeur de 115,000 francs.

L'Isère possède un grand nombre de **sources minérales** et plusieurs localités du département sont devenues des stations de bains très-fréquentées. Au hameau de l'*Abbaye*, près de Grenoble, jaillit une source sulfureuse alcaline (10°; 50 litres par minute), alimentant un établissement de bains. — Viennent ensuite par ordre alphabétique les eaux d'**Allevard**. La source, nommée dans le pays l'eau noire, débite 5,792 hectolitres par 24 heures, à une température de 16° 7. L'eau d'Allevard, froide, sulfureuse, iodée, gazeuse, est utilisée avec avantage pour la guérison des maladies chroniques de la peau, des rhumatismes, des engorgements des articulations, des maladies des poumons. — En 1834, quelques filets d'eau sulfureuse ont été découverts au *Bachet*, près de Grenoble. — Les environs du *Bourg-d'Oisans* offrent plusieurs sources sulfureuses et ferrugineuses utilisées principalement par les pauvres. — Les belles sources sulfureuses de *Choranche* sont tout à fait semblables à celles d'Uriage. — *Cordéac* possède aussi des eaux sulfureuses. Celles de *Crémieu* sont carbonatées ferrugineuses; celles de l'*Échaillon* (commune de Veurey), thermales, sulfureuses, calcaires. Près de *Mayres* jaillit aussi une source minérale inexploitée. — Les eaux acidules froides du *Monestier-de-Clermont* sont efficaces dans les affections de l'estomac et des reins.

Les eaux thermales de **la Motte-Saint-Martin** jaillissent dans une gorge profonde sur les bords du Drac. Il y a deux sources (60° au griffon, 37° à l'établissement), dont l'eau est chlorurée sodique forte, tonique et reconstituante, analogue à l'eau de mer et aux sources salées (4,000 hectolitres environ par 24 heures). Cette eau s'emploie en boisson, bains, douches, étuves, etc. Elle est très-efficace pour la guérison des rhumatismes, des luxations et fractures, des caries, du mal de Pott, des scrofules, des inflammations chroniques du foie et de l'estomac, etc. Elle s'administre en boisson dans les maladies de langueur et des organes digestifs, etc.

Les eaux d'*Oriol* sont des eaux gazeuses. — Les eaux chlorurées sulfureuses du *mont Rachais* alimentent l'établissement hydro-balsamique de Bouquéron.

Citons enfin les eaux sulfureuses froides de *Tréminis* et surtout la source chlorurée sodique et sulfureuse d'**Uriage**. Cette dernière source a une température de 27° 3 au griffon. Les eaux d'Uriage s'emploient en bains, en douches et en boisson. Elles agissent surtout sur les muqueuses de la peau, sur l'hématose et le système nerveux. A la fois éminemment salines et sulfureuses, elles réunissent, par un privilége unique en Europe, des propriétés qu'on ne trouve que séparées ailleurs et peuvent remplacer à la fois Baréges et les bains de mer. Elles sont très-efficaces dans les cas de dermatoses et de scrofules, dans les rhumatismes, les laryngites, diverses maladies des femmes, etc. On les emploie enfin pour fortifier les enfants délicats.

L'industrie manufacturière, notamment la **métallurgie**, est fort développée dans le département. On y trouve un laminage d'or et d'argent à Pont-de-Chéruy, une tréfilerie d'or et d'argent à Coublevie, une tréfilerie d'argent à Chavanoz, des fonderies de cuivre à Vienne, Voiron, Renage et Jallieu ; une fonderie de plomb et de zinc à Reventin-et-Vaugris, des fonderies de fer à Saint-Jean-de-Moirans, Jallieu, Voiron, à Brignoud, où sont fondus des minerais de fer extraits aux environs de Theys, et à Vizille ; des forges à Chasse, à Combe-de-Lancey, Fourvoirie (com. de Saint-Laurent-du-Pont), à Réaumont, aux Hurtières (com. de Renage), à Voiron, Vienne, Vinay et à Pont-Évêque, dont la magnifique forge occupe 400 ouvr. et produit 15,000 kilog. de fer par jour. Parmi les hauts fourneaux, le plus important est celui d'Allevard (300 ouvriers), dont les fers et les aciers sont employés pour la fabrication des canons, des bandages, des roues de wagons, des plaques de blindage, des ressorts de voitures, etc. D'autres hauts fourneaux existent à Pinsot, Saint-Quentin, Villard-Bonnot, Saint-Vincent-de-Mercuze, Beaurepaire. On rencontre des aciéries à Chavanoz (pour chirurgie), à Bonpertuis (100 ouvriers, 800 tonnes d'acier par an), au hameau d'Apprieu ; à Chabons, à Saint-Clair-sur-Galaure, Coublevie, Laval, Saint-Maurice-en-Trièves, Domène, Réaumont, Rives, la Sône, Tullins, Vinay, Voiron et la Chapelle-du-Bard. Charvieu et Tignieu-Jameyzieu possèdent des tréfileries de fer ; Saint-Jean-de-Moirans, une tréfilerie de cuivre.

L'*élève des vers à soie* est très-active dans les plaines de l'Isère. Parmi les communes qui se livrent à ce genre d'industrie, nous citerons Agnin, Saint-André-le-Gua, Anjou, Assieu, Saint-Chef, Auberive, Bernin, Morestel, etc. Les cocons sont filés à Saint-Égrève, Sérézin, Tencin, Saint-Marcellin, Ternay, la Terrasse, la Tour-du-Pin, la Tronche, etc. Il existe dans le département environ cent **filatures de soie** occupant ensemble 2,280 ouvriers. Pont-en-Royans possède une fabrique d'organsinage pour la soie, qui occupe 120 ouvriers. Beaucoup de localités ont des manufactures d'**étoffes de soie** ou des tissages répartis dans les maisons : telles sont les communes de Saint-Nicolas-du-Macherin, Saint-Pierre-de-Bressieux, Pont-de-Beauvoisin, Renage, Ruy, de Sérézin (à Nivolas), la Sône, Tèche-et-Beaulieu, Ternay, la Tour-du-Pin, Virieu, Vizille, Saint-Antoine, Saint-Aupre, Charvieu, Sillans, Rives (500 métiers), et surtout Voiron, dont les 15 établissements (2,000 métiers) livrent chaque année au commerce 8 à 9 millions de mètres de soieries. Vaulnaveys-le-Haut compte plus de 300 métiers pour la fabrication des taffetas. Dans le château d'Alivet est établie une fabrique de crêpes et de soieries. Les velours se tissent à Saint-Jean-de-Bournay, Jonage, Corps, Saint-Étienne-de-Saint-Geoirs, Saint-Pierre-de-Bressieux, etc. La fabrique de foulards et de crêpes de Vizille donne du travail à 600 jeunes filles. A Saint-Ondras on confectionne des cordonnets et des filets en soie. Les rubans viennent principalement de Saint-Jean-de-Bournay, Moirans, Tullins ; la passementerie, de la Tour-du-Pin.

Le hameau de la Grive, dans la commune de Bourgoin, et Vizille ont chacun une *filature de coton*; Pont-en-Royans, Roybon, Saint-Symphorien-d'Ozon et Vienne, des filatures de laine. Sérézin-du-Rhône, Saint-Symphorien-d'Ozon, Tullins, fabriquent des couvertures de laine ; Roybon, de la grosse draperie ; Pont-en-Royans, des draps pour l'armée. Beaurepaire, Entraigues, Sassenage et Vienne (50,000 pièces par an), des draps ordinaires. On rencontre des fabriques de toiles à l'Albenc, Anjou, Aoste, Saint-Aupre, Saint-Blaise-de-Buis, Bourg-d'Oisans, Saint-Jean-de-Moirans, Mens, la Mure, la Tour-du-Pin, Rives, etc. Dans cette dernière commune, presque tous les paysans ont un métier à toile : l'hiver venu, ils fabriquent eux-mêmes, avec le chanvre qu'ils ont récolté, ces belles toiles connues dans le commerce sous le nom de *toiles de Voiron*. Les métiers, mus par la vapeur ou par moteurs hydrauliques, sont réunis à Voiron dans de grandes fabriques dont la principale compte 100 métiers et occupe 160 ouvriers produisant annuellement 9,000 à 10,000 pièces. On trouve à Sérézin-du-Rhône et à Saint-Alban-de-Roche des fabriques d'indiennes.

La **ganterie** et tout ce qui se rapporte à la mégisserie, teinturerie, etc., forme la branche la plus considérable de l'industrie de Grenoble; Paris seul peut rivaliser avec cette ville pour la fabrication des gants. On fabrique annuellement à Grenoble, dans 115 manufactures, 850,000 douzaines de gants d'une valeur de 30 millions de francs, vendus non-seulement en France, mais dans tout le reste de l'Europe, en Amérique et surtout dans les États-Unis. Cette industrie occupe directement 2,000 ouvriers mégissiers, teinturiers ou découpeurs, pour la préparation des peaux, qui arrivent d'Annonay toutes préparées, et 20,000 femmes de la ville et surtout de la campagne pour la couture des gants. Les *gants Jouvin*, dont la réputation est européenne, sont pour la plus grande partie fabriqués à Grenoble.

Il existe deux *vinaigreries* dans le département, celles d'Izeaux et de Saint-Ismier. Mais on y trouve de nombreuses *scieries de bois*.

Parmi les **papeteries**, nous citerons celles de Bourgoin, Brignoud, Cessieu, Chabons, Claix, Coublevie, Saint-Didier-de-Bizonnes, des Éparres, d'Estrablin, d'Izeron, de Jallieu, Renage, Rioupéroux, la Tour-du-Pin, Tullins, Moirans, Domène, Saint-Victor-de-Cessieu, Vienne, Vizille et surtout celles de Rives et de Voiron. Celle de Rives possède trois machines à papier sans fin, marchant jour et nuit, et deux cuves à la main : elle consomme chaque année plus de 800,000 kilogrammes de chiffons, et elle livre au commerce 2,200 kilogrammes de papier par jour, soit 610,000 kilogrammes par an. Le nombre de ses ouvriers dépasse 300, sans compter les charpentiers, les forgerons, les mécaniciens. Vingt moteurs hydrauliques sont incessamment occupés à transformer le chiffon en papier. La fabrication du papier est représentée par plusieurs grands établissements. M. Lafuma possède une machine à papier produisant par jour 1,100 kilogrammes de papier, consommant 500,000 kilogrammes de chiffons par an et occupant 120 ouvriers. La papeterie Guérimand (2 machines hydrauliques, 200 ouvriers) livre chaque jour 2,000 kilogrammes de papier fin et de couleur, et emploie annuellement 800,000 kilogrammes de chiffons. MM. Berthollet frères ont une machine produisant 1,100 kilogrammes de papier par jour, et consommant 4,000 à 5,000 kilogrammes de chiffons par an. Outre ces nombreuses papeteries, on trouve une fabrique de pâte à papier à Pontcharra et des cartonneries à Saint-Martin-d'Hères et à Domène.

Seyssins, Vif, le Genevrey et surtout Grenoble possèdent des fabriques considérables de chaux hydraulique et de ciment extraits des terrains jurassiques des environs. Les deux établissements situés près de la porte de France produisent de 40 à 50,000 quintaux métriques par an.

La fabrication des **liqueurs** forme une branche assez importante de l'industrie de l'Isère. Il faut citer en première ligne les deux espèces de **liqueurs de la Grande-Chartreuse**, fabriquées par les moines du monastère avec les plantes aromatiques qui croissent en abondance dans les montagnes voisines. L'une est l'*élixir*, espèce de médicament; l'autre, la liqueur connue sous le nom de *chartreuse*. Il entre dans sa composition de petits œillets rouges, de la mélisse, de l'absinthe, et aussi de jeunes bourgeons de sapin et du bois de calycanthus. Il y a trois espèces de chartreuse: la verte, la jaune, la blanche. La verte est la plus forte, la blanche la plus faible; généralement on préfère la jaune. On fabrique de la liqueur imitation de la chartreuse à Saint-Laurent-du-Pont, et des liqueurs de différentes espèces à Grenoble, Saint-Marcellin, au Grand-Lemps, à Voiron (4 fabriques, dont la plus importante est celle de MM. Brun-Pérod, inventeurs du *china-china*), la Côte-Saint-André, la Frette, la Chapelle-du-Bard, dont les importantes distilleries fabriquent un kirsch estimé; de l'absinthe, à Bourgoin.

Saint-Marcellin produit de petits fromages appelés *tomes*. Les *fromages de Sassenage* viennent du canton de Villard-de-Lans et non de Sassenage, qui n'en fabrique pas. Izeaux se distingue par une industrie toute locale; la commune compte 60 maîtres cordonniers, dont les produits s'exportent dans tout le département et dans les départements voisins.

XII. — Commerce, chemins de fer, routes.

Le commerce du département se résume presque tout entier dans l'exportation, qui est considérable. Les importations sont relativement nulles. L'Isère *exporte* principalement des *métaux* bruts ou travaillés, du plomb et du cuivre laminés, des instruments de chirurgie; des *soies* moulinées et organsinées, des soieries, taffetas et velours; des *gants* vendus dans toute l'Europe et en Amérique; des *toiles de Voiron*, qui s'expédient surtout en Espagne et dans l'Amérique du Nord; des *draps*; des *plantes alpines*, que les habitants de l'Oisans colportent eux-mêmes dans le monde entier; des *fromages* d'Oisans et de *Sassenage*; du *chanvre* ouvré; du *ciment* de la Porte de France, dont la réputation est européenne; des châtaignes vendues sous le nom de *marrons de Lyon*; des bois de construction; des marbres;

des ardoises, des liqueurs, du *papier*; 225,000 hectolitres de vin environ, des chaussures d'Izeaux, du plâtre, etc.

L'*importation* consiste dans les *peaux* qui arrivent d'*Annonay* toutes préparées; dans quelques articles d'épiceries, de modes, de nouveautés, et dans 2 millions de quintaux métriques de houille achetés aux bassins de la Loire, de Maurienne-Tarentaise, de Briançon et de Montélimar.

Le département de l'Isère est traversé par sept chemins de fer d'un développement total de 306 kilomètres et demi.

1° Le chemin de fer *de Lyon à Marseille* entre dans le département de l'Isère à 5 kilomètres au delà de la station de Lyon-Perrache. Il en sort, pour passer dans la Drôme, à 1 kilomètre en deçà de la station de Saint-Rambert-d'Albon, après un parcours de 55 kilomètres, pendant lesquels il dessert les gares et stations suivantes : Saint-Fons, Feyzin, Sérézin, Chasse, Estressin, Vienne, Vaugris, les Roches, le Péage-de-Roussillon et Salaise.

2° Le chemin de fer *de Valence à Grenoble et à Chambéry* pénètre dans l'Isère un peu au delà de la station de Saint-Paul-lès-Romans, en sort presque immédiatement pour parcourir sur une longueur d'environ 500 mètres le territoire de la Drôme, puis y rentre définitivement pour ne le quitter qu'à 2 kilomètres au delà de la station de Pontcharra, après un parcours de 114 kilomètres pendant lesquels il dessert Saint-Lattier, Saint-Hilaire-du-Rosier, la Sône, Saint-Marcellin, Vinay, l'Albenc, Poliénas, Tullins, Moirans, Voreppe, Saint-Robert, Grenoble, Gières-Uriage, Domène, Lancey, Brignoud, Tencin, Goncelin, le Cheylas et Pontcharra.

3° Le chemin de fer *de Lyon à Grenoble* passe du département du Rhône dans celui de l'Isère à 3 kilomètres avant la station de Venissieux, dessert Venissieux, Saint-Priest, Chandieu-Toussieu, Heyrieu, Saint-Quentin, la Verpillière, Vaulx-Milieu, la Grive, Bourgoin, Cessieu, la Tour-du-Pin, Saint-André-le-Gaz, Virieu, Chabons, Le Grand-Lemps, Rives-sur-Fure, Voiron, et se rattache à la ligne de Valence à Grenoble un peu avant la station de Moirans. Parcours, 97 kilomètres.

4° Le chemin de fer *de Rives à Saint-Rambert-d'Albon* se détache de la ligne de Lyon à Grenoble à 4 kilomètres environ au delà de Rives, sort du département de l'Isère à 3 kilomètres au delà de Beaurepaire, y entre à 4 kilomètres après la station d'Épinouze et en sort définitivement 2 kilomètres plus loin. Sur son parcours dans l'Isère (37 kilomètres), il dessert Rives, Izeaux, Saint-Étienne-de-Saint-Geoirs, la Côte-Saint-André, Marcilloles et Beaurepaire.

5° Le chemin de fer *de Saint-Rambert-d'Albon à Annonay* ne fait que traverser l'extrémité sud-ouest du département de l'Isère, où son parcours n'est guère que d'un kilomètre. Il franchit les deux bras et une île du Rhône sur deux viaducs, l'un (4 arches) de 60 mètres et l'autre (5 arches) de 250 mètres, par lesquels il passe dans le département de l'Ardèche. Il ne dessert aucune station dans l'Isère.

6° Le chemin de fer *de Chasse à Saint-Étienne* n'a que 1,500 mètres de parcours dans le département. Il traverse le Rhône et va se rattacher à la ligne de Lyon à Saint-Étienne.

7° Le chemin de fer *d'Ambérieu à Montalieu* entre dans l'Isère en franchissant le Rhône, à 1 kilomètre environ en deçà de Montalieu, son unique station dans le département.

Un huitième chemin de fer, en construction, reliera Grenoble à la ligne de Sisteron à Gap, en passant par le col de la Croix-Haute.

Les voies de communication comptent 14,027 kil. 1/2, savoir:

6 chemins de fer..........			306 kil. 1/2
7 routes nationales..............			539
21 routes départementales............			764
7140 chemins vicinaux.	50 de grande communication......	710 1/2	12,153
	64 de moyenne communication......	652 1/2	
	7026 de petite communication......	10,790	
2 rivières navigables...........			265

XIII. — Dictionnaire des communes.

Abrets (Les), 1,440 hab., c. de Pont-de-Beauvoisin.

Adrets (Les), 786 hab., c. de Goncelin. ⟶ Château ayant appartenu au baron des Adrets.

Agnès (Sainte-), 765 hab., c. de Domène.

Agnin, 572 hab., c. de Roussillon.

Agnin (Saint-), 528 hab., c. de Saint-Jean-de-Bournay.

Alban-de-Roche (Saint-), 1,100 hab., c. de la Verpillère. ⟶ Église avec beau portail. — Ruines du château de Grammont.

Alban-du-Rhône (Saint-), 288 hab., c. de Roussillon.

Albenc (L'), 1,005 h., c. de Vinay.

Albenc-de-Vaulserre, 545 hab., c. de Pont-de-Beauvoisin.

Allemont-en-Oisans, 1,240 hab., c. du Bourg-d'Oisans.

Allevard, 3,031 hab., sur le Bréda, ch.-l. de c. de l'arrond. de Grenoble. — Établissement de bains. ⟶ Gorge du Bréda et cascades dites du Bout-du-Monde. — Belle église moderne de style ogival. — Château du xviiie s., entouré d'un beau parc. — Vieille tour Treuil. — Brame-Farine, montagne boisée d'où l'on découvre une belle vue; la Taillat, etc. — On peut faire aussi des excursions : à la Chartreuse de Saint-Hugon, près de laquelle on franchit le Bens, sur le pont du Diable, d'une seule arche, jeté à 100 mèt. de hauteur; aux grottes de la Jeannotte; aux glaciers du Gleyzin; au Grand-Charnier, etc.

Allières-et-Risset, 678 h., c. de Vif.

Ambel, 253 hab., c. de Corps.
Amblagnieu, 1,182 hab., c. de Crémieu.
Andéol (Saint-), 219 hab., c. de Monestier-de-Clermont.
André-en-Royans (Saint-), 652 hab., c. de Pont-en-Royans.
André-le-Gua ou le-Gaz (Saint-), 1,570 hab., c. de Pont-de-Beauvoisin.
Anjou, 803 hab., c. de Roussillon.
Anne-d'Estrablin (Sainte-), 559 hab., c. de Saint-Jean-de-Bournay.
Annoisin-et-Châtelans, 567 hab., c. de Crémieu.
Anthon, 590 hab., c. de Meyzieu.
Antoine (Saint-), 1,814 hab., c. de Saint-Marcellin. ⟶ L'église (mon. hist.[1]), autrefois abbatiale, est, dans le Dauphiné, un des plus beaux spécimens de l'art au XIII⁰ et au XIV⁰ s. Son portail présente la Vie de saint Antoine et le Jugement dernier. A l'intérieur, les nefs sont accompagnées de chapelles, de tribunes et de galeries. Les stalles (XIV⁰ s.), au nombre de 100, ont été supérieurement fouillées par Hanard, artiste lyonnais; le maître-autel, de Mimerel, en marbre noir et en bronze, renferme dans un reliquaire les ossements de saint Antoine; dans la sacristie, outre de précieux reliquaires et de nombreuses sculptures en ivoire, on admire une Tentation de saint Antoine, d'après David Téniers, une Madeleine repentante, d'un maître italien, et un superbe Christ en ivoire.
Aoste, 1,123 hab., c. de Pont-de-Beauvoisin. ⟶ Musée gallo-romain.
Appolinard (Saint-), 539 hab., c. de Saint-Marcellin.
Apprieu, 1,761 h., c. du Grand-Lemps.
Arandon, 500 hab., c. de Morestel.
Arey (Saint-), 182 hab., c. de la Mure. ⟶ Grottes de la Baume.
Artas, 1.212 hab., c. de Saint-Jean.
Arzay, 291 hab., c. de la Côte.
Assieu, 700 hab., c. de Roussillon.
Auberive, 616 h., c. de Roussillon.
Auberive-en-Royans, 332 hab., c. de Pont-en-Royans.

Aupre (St-), 947 h., c. de Voiron.
Auris-en-Oisans, 699 hab., c. du Bourg-d'Oisans.
Autrans, 1,118 hab., c. de Villard.
Avenières (Les), 4,002 hab., c. de Morestel.
Avignonnet, 280 hab., c. de Monestier-de-Clermont.
Badinières, 467 h., c. de Bourgoin.
Balbin, 394 hab., c. de la Côte.
Balme (La), 567 hab., c. de Crémieu. ⟶ Grotte de la Balme, une des 7 merveilles du Dauphiné, à l'entrée de laquelle est une église du XII⁰ s.
Barraux, 1,446 hab., c. du Touvet. ⟶ Fort Barraux, sur une colline isolée et abrupte (378 m.) dominant l'Isère. — Château du Fayet (XVI⁰ s.).
Barthélemy - de - Beaurepaire (Saint-), 701 hab., c. de Beaurepaire.
Barthélemy - de - Séchilienne (Saint-), 723 hab., c. de Vizille.
Bâtie-Divisin (La), 1,281 hab., c. de Saint-Geoire.
Bâtie-Montgascon (La), 1,565 hab., c. de Pont-de-Beauvoisin.
Baudille (Saint-), 909 hab., c. de Crémieu.
Baudille - et - Pipet (Saint-), 605 hab., c. de Mens.
Beaucroissant, 851 h., c. de Rives.
Beaufin, 171 hab., c. de Corps.
Beaufort, 596 hab., c. de Roybon.
Beaurepaire, 2,548 h., ch.-l. de cant. de l'arrond. de Vienne. ⟶ Église du XV⁰ s. — Maisons des XV⁰ et XVI⁰ s.
Beauvoir-de-Marc, 1,250 hab., c. de Saint-Jean-de-Bournay.
Beauvoir-en-Royans, 185 hab., c. de Pont-en-Royans. ⟶ Ruines d'un château du XIII⁰ s.
Bellegarde-et-Poussieu, 855 hab., c. de Beaurepaire.
Belmont, 374 h., c. du Grand-Lemps.
Bernard (Saint-), 509 hab., c. du Touvet.
Bernin, 1,095 hab., c. (Est) de Grenoble. ⟶ Cascade de Craponoz.
Besse-en-Oisans, 902 hab., c. du Bourg-d'Oisans.

---

[1] On appelle *monuments historiques* les édifices reconnus officiellement comme présentant de l'intérêt au point de vue de l'histoire de l'art, et susceptibles, pour cette raison, d'être subventionnés par l'État.

Bessins, 272 h., c. de Saint-Marcellin.
Bevenais, 895 h., c. du Grand-Lemps.
Billieu, 549 hab., c. de Virieu.
Biol, 1,218 hab., c. du Grand-Lemps.
Biviers, 589 h., c. (Est) de Grenoble.
Bizonnes, 1,151 hab., c. du Grand-Lemps.
Blaise-de-Buis (Saint-), 548 hab., c. de Rives.
Blandin, 226 hab., c. de Virieu.
Blandine (Sainte-), 807 hab., c. de la Tour-du-Pin.
Bonnefamille, 621 hab., c. de la Verpillière.
Bonnet-de-Chavanne (Saint-), 833 hab., c. de Saint-Marcellin.
Bonnet-de-Mure (Saint-), 904 hab., c. d'Heyrieu.
Bossieu, 438 h., c. de la Côte-St-André.
Bouchage (Le), 937 hab., c. de Morestel.
Bougé-Chambalud, 1,126 hab., de Roussillon.
Bouquéron, V. Corenc.
Bourg-d'Oisans (Le), 2,773 hab., ch.-l. de c. de l'arrond. de Grenoble.
Bourgoin, 4,934 hab., ch.-l. de c. de l'arrond. de la Tour-du-Pin. ⟶ Belles halles et deux jolies places ornées de fontaines. — Ferme de Montquin, où séjourna J.-J.-Rousseau, en 1769.
Bouvesse-Quirieu, 1,017 hab., c. de Morestel.
Brangues, 843 hab., c. de Morestel.
Bressieux, 126 hab., c. de Saint-Étienne. ⟶ Château ruiné.
Bresson, 241 h., c. (Sud) de Grenoble.
Brezins, 1,015 hab., c. de Saint-Étienne.
Brié-et-Angones, 575 h., c. de Vizille.
Brion, 274 h., c. de Saint-Étienne.
Bueil (Saint-), 555 h., c. de St-Geoire.
Buisse (La), 1,078 hab., c. de Voiron. ⟶ Bel établissement de pisciculture. — Ruines de thermes romains.
Buissière (La), 693 hab., c. du Touvet. ⟶ Ruines d'un château des dauphins de Viennois.
Burcin, 455 hab., c. du Grand-Lemps.
Cassien (Saint-), 710 h., c. de Rives.
Cessieu, 1,687 h., c. de la Tour.
Chabons, 1,943 hab., c. du Grand-Lemps.
Chalon, 154 hab., c. de Beaurepaire.

Chamagnieu, 600 h., c. de Crémieu.
Champ (Le), 504 h., c. de Goncelin.
Champ, 438 hab., c. de Vizille.
Champagnier, 606 h., c. de Vizille.
Champier, 1,161 hab., c. de la Côte.
Chanas, 1,115 hab., c. de Roussillon.
Chantelouve, 580 hab., c. de Valbonnais.
Chantesse, 255 hab., c. de Vinay.
Chapareillan, 2,487 h., c. du Touvet.
Chapelle (La), 569 hab., c. de Roussillon.
Chapelle-de-la-Tour (La), 987 hab., c. de la Tour-du-Pin.
Chapelle-du-Bard (La), 1,018 hab., c. d'Allevard.
Chaponnay, 1,056 hab., c. de Saint-Symphorien-d'Ozon.
Charancieu, 519 h., c. de St-Geoire.
Charavines, 882 hab., c. de Virieu.
Chareste, 551 hab., c. de Morestel.
Charnècles, 1,022 hab., c. de Rives.
Charvieu, 811 hab., c. de Meyzieu.
Chasse, 1,162 h., c. (Nord) de Vienne.
Chasselay, 725 hab., c. de Vinay.
Chassieu, 341 hab., c. de Meyzieu.
Chassignieu, 450 hab., c. de Virieu.
Chateau-Bernard, 408 hab., c. de Monestier-de-Clermont.
Châteauvilain, 586 hab., c. de Bourgoin.
Châtelus, 211 hab., c. de Pont-en-Royans.
Chatonnay, 448 hab., c. de Roybon.
Chatonnay, 2,122 hab., c. de Saint-Jean-de-Bournay.
Chatte, 2,118 h., c. de S.-Marcellin.
Chavagnieu, 251 h., c. de Meyzieu.
Chavanoz, 900 hab., c. de Meyzieu.
Chef (Saint-), 3,162 hab., c. de Bourgoin. ⟶ Eglise (mon. hist.), large nef avec collatéraux, transsept étroit avec abside et quatre absidioles (xiiᵉ s.) peintures de la fin du xiiᵉ s.
Chélieu, 670 hab., c. de Virieu.
Chevrières, 772 hab., c. de Saint-Marcellin. ⟶ Ancien château qu'habita Diane de Poitiers.
Cheylas (Le), 772 h., c. de Goncelin.
Chessieu, 551 h., c. de Roussillon.
Chèze-Neuve, 357 hab., c. de la Verpillière.
Chichilianne, 628 hab., c. de Clelles. ⟶ Mont-Aiguille (2,097 mét.),

une des sept merveilles du Dauphiné.

Chimilin, 1,507 hab., c. de Pont-de-Beauvoisin. ⟶ Ferme modèle.

Chirens, 1,665 hab., c. de Voiron. ⟶ Église (XIIIᵉ s.); deux absides remarquables par les sculptures de leurs colonnettes. — Ruines de la tour de Clermont, berceau des Clermont-Tonnerre.

Cholonge, 369 hab., c. de la Mure.

Chonas, 527 hab., c. (Sud) de Vienne.

Choranche, 596 hab., c. de Pont-en-Royans.

Chozeau, 614 hab., c. de Crémieu.

Christophe-en-Oisans (Saint-), 525 hab., c. du Bourg-d'Oisans. ⟶ Glaciers immenses de la Bérarde, descendant de la Barre-des-Écrins (4,103 m.).

Christophe-entre-Deux-Guiers (Saint-), 971 h., c. de St-Laurent-du-Pont.

Clair (Saint-), 685 hab., c. de Roussillon.

Clair-de-la-Tour (Saint-), 1,100 hab., c. de la Tour-du-Pin.

Clair-sur-Galaure (Saint-), 467 hab., c. de Roybon.

Claix, 2,096 hab., c. de Vif. ⟶ Ancien pont (1608-1611) jeté sur un étranglement du Drac (arche unique, large de 46 mèt., haute de 16); à côté, nouveau pont de 52 mèt. d'ouverture.

Clavans, 365 hab., c. du Bourg-d'Oisans.

Clelles, 750 hab., ch.-l. de c. de l'arrond. de Grenoble.

Clonas, 495 hab., c. de Roussillon.

Cluze-et-Paquier, 688 h., c. de Vif.

Cognet, 101 hab., c. de la Mure.

Cognin, 675 hab., c. de Vinay.

Colombe, 1,023 hab., c. du Grand-Lemps.

Colombier-et-Saugnieu, 1,246 hab., c. de la Verpillière.

Combe-de-Lancey, 497 hab., c. de Domène.

Commelle, 737 hab., c. de la Côte-Saint-André.

Communay, 700 hab., c. de Saint-Symphorien-d'Ozon.

Corbas, 374 hab., c. de Saint-Symphorien-d'Ozon.

Corbelin, 2,132 hab., c. de Pont-de-Beauvoisin.

Cordéac, 546 hab., c. de Mens.

Corenc, 701 hab., c. (Est) de Grenoble. ⟶ Établissement d'eaux minérales à Bouquéron.

Corençon, 341 hab., c. de Villard.

Cornillon, 307 hab., c. de Mens.

Corps, 1,503 hab., ch.-l. de c. de l'arrond. de Grenoble.

Côte-Saint-André (La), 4,346 hab., ch.-l. de c. de l'arrond. de Vienne. ⟶ Église romano-ogivale; anciens vitraux; beau crucifix. — Château de 1600.

Côtes-d'Arey (Les), 1,084 hab., c. (Sud) de Vienne.

Côtes-de-Corps (Les), 582 hab., c. de Corps.

Coublevie, 1,590 hab., c. de Voiron.

Cour-et-Buis, 887 hab., c. de Beaurepaire.

Courtenay, 1,224 h., c. de Morestel.

Crachier, 563 h., c. de la Verpillière.

Cras, 411 hab., c. de Tullins.

Crémieu, 2,055 hab., à 5 kil. du Rhône, au pied d'une colline, ch.-l. de c. de l'arrond. de la Tour-du-Pin. ⟶ Enceinte bien conservée, portes crénelées. — Pans de murs énormes, derniers restes du château de Saint-Laurent, résidence des princes du Dauphiné. — Grosse tour carrée et haute tour ronde, qui faisaient partie du prieuré de Saint-Hippolyte.

Creys-et-Pusignieu, 867 hab., c. de Morestel.

Crolles, 1,365 hab., c. du Touvet.

Culin, 460 hab., c. de Saint-Jean-de-Bournay.

Curtin, 402 hab., c. de Morestel.

Décines-et-Charpieu, 1,106 hab., c. de Meyzieu.

Didier-de-Bizonne (Saint-), 568 hab., c. du Grand-Lemps.

Didier-de-la-Tour (Saint-), 1,488 hab., c. de la Tour-du-Pin.

Diémoz, 775 hab., c. d'Heyrieu.

Dionay, 409 h., c. de St-Marcellin.

Dizimieu, 424 hab., c. de Crémieu.

Doissin, 750 hab., c. de Virieu.

Dolomieu, 2,487 hab., c. de la Tour.

Domarin, 300 h., c. de la Verpillière.

Domène, 1,484 hab., ch.-l. de c. de l'arrond. de Grenoble. ⟶ Ruines de l'église (XIᵉ s.) de l'ancien prieuré. — Près de l'église, chapelle du style ogival primitif.

Statue de Bayard, sur la place Saint-André, et palais de Justice, à Grenoble.

Échirolles, (652 hab., c. (Sud) de Grenoble.
Éclose, 730 hab., c. de Saint-Jean.
Égrève (Saint-), 1,885 hab., c. (Nord) de Grenoble. → L'asile des aliénés de Saint-Robert, situé près de la Vence, au pied de la montagne de Chalves, occupe l'emplacement d'un prieuré (xi° s.), dont quelques débris ont été conservés ou réemployés. Le corps de bâtiment occupé par le directeur renfermait au rez-de-chaussée deux salles décorées de remarquables boiseries. Dans la chapelle, deux beaux bas-reliefs en bois. — Maison prieurale du xvi° s. (élégant plafond).
Engins, 371 hab., c. de Sassenage. → Clocher du xi° ou du xii° s. — Portes d'Engins, rochers taillés naturellement où passe la route de Villard-de-Lans. — Gorges d'Engins.
Entraigues, 691 hab., c. de Valbonnais. → Grotte; cascade.
Entre-deux-Guiers, 1,370 hab., c. de Saint-Laurent-du-Pont.
Éparres (Les), 1,015 hab., c. de Bourgoin.
Estrablin, 1,316 hab., c. (Sud) de Vienne.
Étienne-de-Crossey (Saint-), 1,363 hab., c. de Voiron. → Dans la chaîne calcaire du Raz (804 mèt.), rochers pittoresques de Crossey, entre lesquels s'ouvrent les défilés connus sous les noms de Grand-Crossey (2 kil. de long.) et de Petit-Crossey.
Étienne-de-Saint-Geoirs (Saint-), 1,836 hab., ch.-l. de c. de l'arrond. de Saint-Marcellin. → Maison seigneuriale et tour carrée du xv° s. — Donjon de Saint-Cierge (xiv° s.). — Chapelle du xiv° s. — Maison de Mandrin.
Eybens, 819 hab., c. (Sud) de Grenoble. → Château moderne.
Eydoche, 637 hab., c. du Grand-Lemps.
Eyzin-Pinet, 1,427 hab., c. (Sud) de Vienne. → Ruines de la tour de Pinet et du château de Montfort.
Faramans, 975 hab., c. de la Côte.
Faverges, 1,307 hab., c. de la Tour-du-Pin. → Ancien château.
Ferrière (La), 917 hab., c. d'Allevard. → Cascade du Pissou, formée par le Bréda. — A 4 h. de marche, lacs des Sept-Laux.
Feyzin, 1,200 hab., c. de Saint-Symphorien-d'Ozon. → L'eau château.
Fitilieu, 1,246 hab., c. de Pont-de-Beauvoisin.
Flachère (La), 334 h., c. du Touvet.
Flachères, 513 h., c. du Grand-Lemps.
Folatière (La), 611 hab., c. de Pont-de-Beauvoisin.
Fontaine, 1,068 hab., c. de Sassenage. → Aux Balmes de Fontaine, beaux rochers à pic, percés de grottes et dominés par la belle forêt de Vouillant. Portes de Fontaine ou Gorge du Loup, défilé pittoresque.
Fontanil, 584 h., c. (Nord) de Grenoble. → Grotte de la Lutinière; puits très-profond. — Au sommet de la roche du Cornillon, ruines d'un château delphinal et de travaux de défense du xvi° s.
Forteresse (La), 427 hab., c. de Tullins.
Four, 846 hab., c. de la Verpillière.
Fresney (Le), 539 hab., c. du Bourg-d'Oisans. → Gorge et galerie (180 mèt.) de l'Infernet. — Pittoresque route du Lautaret. — A Bons, monument romain, sorte de porte sous laquelle passait la route.
Frette (La), 1,230 hab., c. de Saint-Étienne-de-Saint-Geoirs.
Froges, 503 hab., c. de Goncelin.
Frontonas, 1,137 h., c. de Crémieu.
Garde (La), 313 hab., c. de Bourg-d'Oisans. → Tour et débris de constructions attribuées aux Romains.
Genas, 1,962 hab., c. de Meyzieu.
Genis (Saint-), 141 hab., c. de Mens.
Geoire (Saint-), 3,723 hab., ch.-l. de c. de l'arrond. de la Tour-du-Pin. → Église du xvi° s.; boiseries sculptées. — Ancien château sur un rocher.
Geoirs (Saint-), 602 hab., c. de Saint-Étienne-de-Saint-Geoirs.
Georges-de-Commiers (Saint-), 582 hab., c. de Vizille. → Vieille tour. — Ruines du couvent des Moines-Rouges, ancien prieuré de Saint-Michel de Conex (xi° s.); chapelle construite au-dessus d'une crypte et surmontée d'une tour; à l'intérieur, coupole.
Georges-d'Espéranche (Saint-), 2,226 hab., c. d'Heyrieu.

Gervais (Saint-), 483 hab., c. de Vinay. ⟹ Ruines d'un château. — Pont suspendu sur l'Isère.

Gières, 1,163 h., c. (Sud) de Grenoble.

Gillonnay, 795 hab., c. de la Côte-Saint-André.

Goncelin, 1,561 hab., ch.-l. de c. de l'arrond. de Grenoble.

Grand-Lemps (Le), 1,984 hab., ch.-l. de c., arrond. de la Tour-du-Pin.

Granieu, 444 hab., c. de Pont-de-Beauvoisin.

Grenay, 580 hab., c. d'Heyrieu.

Grenoble, V. de 42,660 hab., sur l'Isère, à 211 mètres, par 45° 11'12" de latit. et 3° 23'36" de long. E., ch.-l. du départ. et de 3 cantons. ⟹ Grenoble est située dans la belle plaine du Graisivaudan, au pied du dernier escarpement du mont Rachais (1,070 mètres), sur l'Isère, qui la divise en deux parties inégales, à 3 kil. au-dessus du confluent du Drac. De ses ponts et de ses quais, mais surtout des forts qui la dominent, admirables points de vue. L'enceinte des *fortifications*, reconstruite de 1832 à 1836, au prix de 16 millions, et qui sera prochainement agrandie à l'ouest, comprend : sur la rive dr. de l'Isère, *forts Rabot* et *de la Bastille* (483 mèt.; belles casemates; entre eux *vieille tour Rabot*), des casernes et des bastions casematés, bâtis sur le versant du Rachais ; sur la rive g., des bastions casematés, deux ou trois lignes de fossés, des demi-lunes et des glacis. — Les *portes* sont au nombre de 10 : 2 sur la rive dr., la *porte Saint-Laurent* et la *porte de France*, dont le pavillon a été bâti par Lesdiguières ; 8 sur la rive gauche, les *portes Créqui, Randon, Saint-Louis, de Bonne, des Alpes, Très-Cloîtres, des Adieux* et *de l'Ile-Verte*.

Il reste de l'époque romaine les fondations et les pans de murs de l'*enceinte* de Dioclétien et de Maximien. Les principaux de ces débris servent de base à une tour adossée à l'hôtel de ville et à l'abside de Notre-Dame.

L'*église Saint-Laurent*, souvent restaurée, date du XI° ou du XII° s. ; l'abside, percée de trois fenêtres en plein cintre est décorée extérieurement de sculptures représentant deux serpents et des têtes d'hommes. La crypte (mon. hist.), qui remonte au temps de Charlemagne, a la forme d'une croix latine terminée à chacun des quatre bras par un hémicycle. 28 colonnes en marbre blanc, supportent la voûte ; différentes de forme et de hauteur, elles semblent avoir appartenu à un édifice plus ancien.

La *cathédrale* (mon. hist.), dédiée à Notre-Dame, offre des spécimens de toutes les périodes du roman et du gothique ; ses parties les plus anciennes (porche surmonté d'une lourde tour, clocher, piliers de la nef) sont du XI° s. A l'intérieur, trois nefs ogivales, dont les clefs de voûte sont ornées de sculptures, et quatrième nef du XVI° s., divisée en chapelles. Le splendide *ciborium* ou *tabernacle* (1455-1457), en pierre sculptée, dans le chœur, est surmonté d'un dais à trois faces qui le couronne d'une manière admirable. Ce monument, en pierre fine et dure, a 2 mèt. 80 de larg. sur 14 mèt. 34 d'élévation. A gauche du ciborium s'élève une sorte de *portail* ogival de la même époque. De l'autre côté du chœur, le *tombeau* de l'évêque Aimon Chissay date du XV° s. Ailleurs, six bas-reliefs dorés, de la Renaissance, représentent des scènes de la Vie de la Vierge. Le tabernacle du maître-autel, en marbre blanc et noir, vient de la Grande-Chartreuse. La *chapelle Saint-Hugues*, remonte au XII° et au XIII° s.

L'*église Saint-André*, fondée par le dauphin Guigues-André, vers 1220, est du style de transition. Le clocher, en briques, est surmonté d'une flèche octogonale flanquée de clochetons. A l'intérieur se trouve le *tombeau* (XVII° s.) de Bayard. — *Sainte-Marie* (peintures murales), appartenant aux Ursulines, renferme un beau retable et divers objets d'art intéressants.

Le *palais de justice* (mon. hist.), élevé sur une partie de l'emplacement du château des dauphins, a été établi par Louis XI et restauré par Louis XII et Charles IX, puis agrandi par Lesdiguières : une jolie *chapelle* du règne de Louis XII dont il ne reste que l'abside, sert aujourd'hui de cabinet au premier président. La façade principale (1561-1603) est ornée de colonnes et de pilastres cannelés dont les chapiteaux ainsi que les croisillons des fenêtres sont admirablement sculptés. Au rez-de-chaussée, un passage, conduisant de la place Saint-André à la place des Cordeliers, divise le palais en deux parties, l'une réservée à la cour d'appel, l'autre au tribunal civil. Dans la première, on visite deux belles salles du temps de Louis XIV : la *première chambre* (sculptures modernes par des artistes dauphinois); la *chambre des audiences solennelles*, longue de 20 mèt. (boiseries du plafond représentant en ronde-bosse un soleil et la devise de Louis XIV : *Nec pluribus impar*). Dans le bâtiment affecté au tribunal civil se trouve l'ancienne *salle des comptes*, aujourd'hui la première chambre du tribunal civil. De magnifiques boiseries, du règne de Charles VIII, en ornent trois côtés. Le couronnement de la cheminée « est formé d'un large dais surmonté par de nombreux clochetons d'un beau gothique fleuri : deux niches, adossées à des colonnes fasciculées, soutiennent de chaque côté ce couronnement. Dans chacune de ces niches une statue en bois représente un homme d'armes ». La boiserie du plafond date du xvii° s., ainsi que la corniche et les panneaux des fenêtres.

L'*hôtel de ville*, ancien hôtel du connétable de Lesdiguières, n'a de remarquable qu'une tour et une tourelle bâties sur des fondations romaines. — La *préfecture* (style de la Renaissance), sur la place d'armes, a coûté 1,404,000 fr. — Le bel hôtel de la succursale de la *Banque de France*, l'*école d'artillerie*, les *casernes* monumentales d'artillerie, l'*hôtel de la division militaire*, l'*hôtel des Facultés*, le *théâtre*, le *temple protestant*, l'hôtel du général d'artillerie, la trésorerie générale et l'édifice destiné au musée et à la bibliothèque (il a coûté plus de 1,500,000 fr.) sont des édifices modernes. — La *bibliothèque*, dont on remarque surtout les coupoles vitrées, est la 6° de France par l'importance, et la 2° au point de vue des richesses théologiques (168,000 volumes; 10,500 médailles). On y remarque : un petit musée égyptien, un magnifique bahut, une très-belle sculpture du xiii° s., et, parmi les manuscrits, les poésies de Charles d'Orléans, un très-beau manuscrit chinois et une bible latine du xii° s. — Le *cabinet d'antiquités* (17,000 pièces) est contigu à la bibliothèque. — Le *musée de peinture* est l'un des premiers de la province. Parmi les peintres qui y sont représentés, nous signalerons : pour l'école italienne, Bonifazio, Bronzino, Paul Véronèse, le Pordenone, Tintoret, Raphaël (copie de l'*École d'Athènes* attribuée à Nicolas Poussin), le Pérugin, le Dominiquin (*Sainte Cécile*, copie par Lagrenée); pour l'école espagnole, Ribéra (*Saint Barthélemy sur le point de souffrir le martyre*); pour les écoles allemande, flamande et hollandaise, Philippe de Champaigne, Crayer, Hobbema, Jordaëns, Van der Meulen, Rubens (*Saint Grégoire, pape*, l'une des plus belles toiles du maître), Snyders, Terburg; pour l'école française, Biennoury, Séb. Bourdon, François Desportes, Claude Lorrain, Jean Jouvenet, Lesueur, Rigaud, Simond Vouet, Eugène Delacroix. Grenoble possède aussi un *musée de sculpture* et un *musée archéologique*. — Le *musée d'histoire naturelle* (collection complète de la faune, de la flore et de la minéralogie dauphinoise) est annexé au *jardin des plantes*.

Nous signalerons encore : la *place Grenette* et son *château d'eau* orné de dauphins, par M. Sappey; — la *place Saint-André* et la *statue de Bayard mourant*, par Raggi; — la *fontaine Saint-Laurent* (un *lion triomphant d'un serpent*), par Sappey; — la *place d'Armes* (vue magnifique sur toutes les montagnes des environs); — la *place* et la *statue de Vaucanson*; — les *quais* et les *ponts*; — la nouvelle façade de l'*hôpital*, ornée de bas-reliefs par Irvoy; — l'avenue de la Gare, au milieu de laquelle s'élève la porte Randon, etc.

Les principales promenades de Grenoble sont, outre les quais, les boulevards et le jardin des plantes : le *jardin de ville*, ancien jardin de l'hôtel Lesdiguières (statue d'*Hercule au repos*, par J. Richier; belles terrasses, dont une plantée de marronniers séculaires); le *cours Saint-André*, composé de trois allées, dont deux plantées d'arbres, longues de 8 kil., en ligne droite, de Grenoble au pont de Claix sur le Drac ; — le *cours Berriat ;* — l'*esplanade* de la porte de France ; — le *jardin de l'Ile-Verte,* entre la porte des Adieux et l'Isère ; — le parc *Randon* près du Polygone ; — le *square* de la place d'Armes ; etc.

Les environs de Grenoble offrent enfin des buts de promenade extrêmement intéressants.

Gresse, 695 hab., c. de Monestier.
⟶ Le Grand-Veymont (2,546 mèt.).

Gua (Le), 1,046 hab., c. de Vif. ⟶ Deux châteaux ruinés. — Belle cascade de Champa. — Grotte de la Litineyrie.

Guillaume (Saint-), 368 hab., c. de Monestier-de-Clermont.

Herbeys, 565 hab., c. (Sud) de Grenoble. ⟶ Château du xvi° s., ancienne maison de campagne des évêques.

Heyrieu, 1,463 hab., ch.-l. de c. de l'arrond. de Vienne.

Hières, 796 hab., c. de Crémieu.

Hilaire (Saint-), 403 hab., c. du Touvet. ⟶ Ruines d'un château.

Hilaire-de-Brens (Saint-), 597 hab., c. de Crémieu.

Hilaire-de-la-Côte (Saint-), 1,094 hab., c. de la Côte-Saint-André.

Hilaire-du-Rosier (Saint-), 1,005 hab., c. de Saint-Marcellin.

Honoré (St-), 611 h., c. de la Mure.

Huez, 474 hab., c. du Bourg-d'Oisans. ⟶ Cascades du torrent de Sarène, descendu des Grandes-Rousses.

Hurtières, 258 hab., c. de Goncelin.

Isle-d'Abeau (L'), 962 hab., c. de la Verpillière.

Ismier (Saint-), 1,343 hab., c. (Est) de Grenoble. ⟶ Église : portail du xi° s. — Ruines du château d'Arces (xiii° s.).

Izeaux, 1,674 hab., c. de Rives. ⟶ Dans l'église, beau retable.

Izeron, 870 hab., c. de Pont-en-Royans. ⟶ Cascade de Buzand.

Jallieu, 3,446 hab., c. de Bourgoin. ⟶ Sous le porche de l'église, inscription romaine.

Janneyrias, 558 hab., c. de Meyzieu.

Jarcieu, 726 hab., c. de Beaurepaire. ⟶ Château ruiné.

Jardin, 594 hab., c. (Sud) de Vienne.

Jarrie, 893 hab., c. de Vizille.

Jean-d'Avelane (Saint-) 689 hab., c. de Pont-de-Beauvoisin.

Jean-de-Bournay (Saint-), 3,249 hab., ch.-l. de c. de l'arrond. de Vienne.

Jean-d'Hérans (Saint-), 691 hab., c. de Mens.

Jean-de-Moirans (Saint-), 1,102 hab., c. de Rives.

Jean-de-Soudin (Saint-), 719 hab., c. de la Tour-du-Pin.

Jean-de-Vaux (Saint-), 540 hab., c. de Vizille.

Jean-le-Vieux (Saint-), 276 h., c. de Domène. ⟶ Dans l'église, beau retable.

Jonage, 906 hab., c. de Meyzieu.

Jons, 592 hab., c. de Meyzieu.

Joseph-de-Rivière (Saint-), 1,088 hab., c. de Saint-Laurent-du-Pont. ⟶ Cascade de la Pissorelle.

Julien-de-l'Herms (Saint-), 257 hab., c. de Beaurepaire.

Julien-de-Raz (Saint-), 512 hab., c. de Voiron. ⟶ Ruines du château de la Perrière (xiii° s.). — Lac.

Just-Chaleyssin (Saint-), 867 hab., c. d'Heyrieu.

Just-de-Claix (Saint-), 760 hab., c. de Pont-en-Royans.

Laffrey, 451 hab., sur le lac de Laffrey, c. de Vizille.

Lalley, 581 hab., c. de Clelles.

Lans, 1,102 hab., c. de Villard-de-Lans. ⟶ Église des xi° et xiii° s.

Lattier (Saint-), 1,651 hab., c. de Saint-Marcellin.

Laurent-de-Mure (Saint-), 1,226 hab., à 250 mèt., c. d'Heyrieu.

Laurent-du-Pont (Saint-), 1,803 hab., à la base de hautes montagnes tapissées de forêts (massif de la Grande-Chartreuse), sur le Guiers-Mort, à 410 mèt., ch.-l. de c. de l'arrond. de Grenoble. ⟶ Belle église moderne du style ogival. — Château de Villette (antiquités romaines). — Cascade de Foras, près de Saint-Julien-de-Raz.

Laurent-en-Beaumont (Saint-), 749 hab., c. de Corps.

Laval, 974 hab., c. de Domène.

Lavaldens, 527 h., c. de Valbonnais.

Lavars, 312 hab., c. de Mens.

Lentiol, 247 hab., c. de Roybon.

Leyrieu, 390 hab., c. de Crémieu.

Lieudieu, 380 hab., c. de Saint-Jean.
Livet-et-Gavet, 988 h., c. du Bourg-d'Oisans. ⟶ Belles cascades du Bâton.
Longechenal, 626 hab., c. du Grand-Lemps.
Luce (Sainte-), 180 hab., c. de Corps.
Lumbin, 584 hab., c. du Touvet
Luzinay, 974 hab., c. (Nord) de Vienne.
Malleval, 354 hab., c. de Vinay.
Marcel (Saint-), 902 hab., c. de Bourgoin.
Marcellin (Saint-), V. de 3,340 hab., sur la Cumane, à 3 kil. de l'Isère, ch.-l. d'arrond. ⟶ Restes de fortifications et d'un château fort. — Église: clocher roman.
Marcieu, 329 hab., c. de la Mure.
Marcilloles, 910 h., c. de Roybon.
Marcolin, 671 hab., c. de Roybon.
Marennes, 874 hab., c. de Saint-Symphorien-d'Ozon.
Marie-d'Alloix (Sainte-), 325 hab., c. du Touvet.
Marie-du-Mont (Sainte-), 256 hab., c. du Touvet.
Marnans, 246 hab., c. de Roybon. ⟶ Église du xie s. (mon. hist.).
Martin-de-Clelles (Saint-), 278 hab., c. de Clelles.
Martin-d'Hères (Saint-), 1,325 hab., c. (Sud) de Grenoble.
Martin-d'Uriage (Saint-), 2,253 h., c. de Domène. ⟶ Uriage, renommé par ses eaux minérales, occupe, dans la vallée du Sonnant, un petit bassin, très-frais et très-riant. — L'établissement thermal forme un parallélogramme dont les côtés sont occupés par des hôtels. Une fontaine offre un bas-relief représentant une naïade vidant son urne dans un bassin polygonal. La chapelle renferme des tableaux de Paul Véronèse et d'autres maîtres italiens. — Sur la colline, à 100 mèt. au-dessus de la cour des bains, s'élève le château d'Uriage, construit par la famille des Alleman, flanqué de tours. Les parties les plus anciennes sont deux tourelles, du xiie s., remaniées plus tard et réunies entre elles par une galerie du xvie s. Le pavillon appelé le Château Neuf date du xve s. Le propriétaire, M. de Saint-Ferriol, a restauré le château et y a réuni d'intéressantes collections d'antiquités égyptiennes, étrusques, grecques, d'antiquités romaines trouvées à Uriage, de tableaux (histoire du château), d'histoire naturelle, des curiosités (étendard enlevé en 1715 aux Algériens; vieilles tapisseries). Le sommet de la colline qui porte le château a été transformé en jardin anglais. Près de l'un des sentiers, se dresse la statue colossale du Génie des Alpes, sculptée par M. Sappey, artiste dauphinois. — Excursions à la Chartreuse de Prémol (1,095 mèt.), fondée en 1132; — à la cascade de l'Oursière, formée par le Doménon. — A Pinet, vieux mur composé de blocs énormes, dans lequel on a cru reconnaître les restes d'une construction celtique.

Martin-de-Vaulserre (Saint-) 349 hab., c. de Pont-de-Beauvoisin.
Martin-le-Vinoux (Saint-), 1,140 c. (Nord) de Grenoble. ⟶ Maison (xve s.) du jurisconsulte Guy Pape. — Grotte de la Balme et ermitage sur le versant du Casque-de-Néron (1,505 mèt.)
Maubec, 748 h., c. de la Verpillière.
Maurice-d'Exil (Saint-), 1,144 hab., c. de Roussillon.
Maurice-en-Trièves (Saint-), 395 hab., c. de Clelles.
Maximin (Saint-), 757 hab., c. de Goncelin. ⟶ Tour ruinée d'Avalon.
Mayres, 196 hab., c. de la Mure. ⟶ Cascade de 40 mèt.
Méaudre, 978 hab., c. de Villard-de-Lans. ⟶ A la Fauge, grotte de la Chambre des Fées.
Mens, 1,967 hab., ch.-l. de c. de l'arrond. de Grenoble.
Mépieu, 528 hab., c. de Morestel.
Merlas, 170 hab., c. de Saint-Geoire.
Mésage, V. Notre-Dame-de-Mésage.
Meylan, 1,118 hab., c. (Est) de Grenoble.
Meyrié, 321 h., c. de la Verpillière.
Meyrieu, 636 hab., c. de Saint-Jean-de-Bournay. ⟶ Château ruiné.
Meyssiès, 590 hab., c. de Saint-Jean-de-Bournay.
Meyzieu, 1,580 hab., ch.-l. de c. de l'arrond. de Vienne. ⟶ Tour ruinée
Michel-de-Saint-Geoirs (Saint-), 483 hab., c. de Saint-Étienne.
Michel-en-Beaumont (Saint-), 272 hab., c. de Corps.

DICTIONNAIRE DES COMMUNES.

Michel-les-Portes (Saint-), 502 hab., c. de Clelles.

Mions, 905 hab., c. de Saint-Symphorien-d'Ozon. ⟶ Château ruiné.

Miribel-et-Lanchâtre, 240 hab., c. de Monestier-de-Clermont.

Miribel-les-Échelles, 2,269 hab., c. de Saint-Laurent-du-Pont. ⟶ Ruines d'un château.

Mizoen, 552 h., c. du Bourg-d'Oisans.

Moidieu, 1,031 h., c. (Sud) de Vienne.

Moirans, 2,844 h., c. de Rives. ⟶ Église : façade et clocher du xie s. — Château de la Renaissance. — Parc de la maison où naquirent les frères Paris, financiers fameux au xviiie s.

Moissieu, 549 h., c. de Beaurepaire.

Monestier-d'Ambel (Le), 200 hab., c. de Corps.

Monestier-de-Clermont, 770 hab., ch.-l. de c. de l'arrond. de Grenoble.

Monestier-du-Percy (Le), 494 hab., c. de Clelles.

Monsteroux-Milieu, 316 hab., c. de Beaurepaire.

Mont-de-Lans, 1,038 hab., c. du Bourg-d'Oisans.

Mont-Saint-Martin, 97 hab., c. (Nord) de Grenoble.

Montagne, 250 h., c. de St-Marcellin.

Montagnieu, 744 hab., c. de la Tour-du-Pin.

Montalieu-Vercieu, 1,771 hab., c. de Morestel.

Montaud, 420 hab., c. de Tullins.

Montbonnot-Saint-Martin, 703 hab., c. (Est) de Grenoble.

Montcarra, 601 hab., c. de la Tour-du-Pin.

Montceau, 728 h., c. de Bourgoin.

Montchaboud, 72 h., c. de Vizille.

Monteynard, 407 h., c. de la Mure.

Montfalcon, 261 hab., c. de Roybon. ⟶ Ruines d'un château. — Tour des Loives; restes d'anciennes fresques.

Montferrat, 1,088 hab., c. de Saint-Geoire. ⟶ Château ruiné (belle vue).

Montrevel, 537 hab., c. de Virieu.

Montseveroux, 762 hab., c. de Beaurepaire.

Moras, 356 hab., au bord d'un lac, c. de Crémieu.

Morestel, 1,296 hab., ch.-l. de c. de l'arrond. de la Tour-du-Pin.

Morêtel, 353 hab., c. de Goncelin. ⟶ Ruines d'un château.

Morette, 422 hab., c. de Tullins.

Morte (La), 261 hab., c. de Valbonnais.

Motte-d'Aveillans (La), 1,766 hab., c. de la Mure.

Motte-Saint-Martin ou les-Bains (La), 831 hab., c. de la Mure. ⟶ L'établissement thermal, situé dans la vallée du ruisseau de Vaux, occupe l'ancien château de la Motte, reconstruit en 1844 (beaux jardins en terrasses). — Défilé sauvage où le Drac coule dans une fissure, au pied de rocs à pic de 300 à 400 mèt. de haut. — Magnifique cascade du ruisseau de Vaux (130 mèt. de haut.).

Mottier (Le), 847 hab., c. de la Côte-Saint-André. ⟶ Église (xie siècle). — Ruines du château de Boczosel.

Moutaret (Le), 418 hab., c. d'Allevard. ⟶ Clocher roman.

Mure (La), 3,577 hab., ch.-l. de c. de l'arrond. de Grenoble.

Murette (La), 1,058 h., c. de Rives.

Muriannette, 264 h., c. de Domène.

Murinais, 611 h., c. de St-Marcellin.

Mury-Monteymont (Saint-), 348 hab., c. de Domène.

Nantes, 620 hab., c. de la Mure.

Nantoin, 502 hab., c. de la Côte.

Nazaire (Saint-), 575 hab., c. (Est) de Grenoble.

Nerpol-et-Serre, 628 h., c. de Vinay.

Nicolas-de-Macherin (Saint-), 687 hab., c. de Voiron. ⟶ Curieuse église; tour du xie s., chœur du xiiie s. — Ruines de l'ancienne enceinte. — Hautefort, beau château moderne.

Notre-Dame-de-Commiers, 585 hab., c. de Vizille. ⟶ Restes de bâtiments et église d'un prieuré de 1515, devant lequel une terrasse est plantée de 5 énormes tilleuls. — Vieille tour des Amants ou des Allemands. — Grotte.

Notre-Dame-de-Mésage, 256 hab., c. de Vizille. ⟶ Église romane.

Notre-Dame-de-Vaulx, 969 hab., c. de la Mure.

Noyarey, 800 hab., c. de Sassenage.

Ondras (Saint-), 714 h., c. de Virieu.

Optevoz, 534 hab., c. de Crémieu.

Oris-en-Rattier, 295 hab., c. de Valbonnais.

Ornacieux, 419 hab., c. de la Côte-Saint-André. →→→ Restes d'un château qu'habita le baron des Adrets.

Ornon, 561 hab., au pied du Taillefer (2,861 mèt.), c. du Bourg-d'Oisans.

Oulles, 259 h., c. du Bourg-d'Oisans.

Oyeu, 801 hab., c. de Virieu.

Oytier-et-Saint-Oblas, 841 hab., c. d'Heyrieu.

Oz, 809 hab., c. de Bourg-d'Oisans. →→→ Restes de fortifications. — Cascade de la Pisse. — Lac de la Fure.

Pact, 791 hab., c. de Beaurepaire.

Pajay, 676 h., c. de la Côte-St-André.

Paladru, 908 hab., près du lac de ce nom, c. de Saint-Geoire.

Pancrasse (Saint-), 505 hab., c. du Touvet. →→→ Grottes. — Trou du Glas, dont l'entrée est presque constamment obstruée par des neiges et des glaces; le Guiers-Mort y prend sa source.

Panissage, 321 hab., c. de Virieu.

Panossas, 407 hab., c. de Crémieu.

Parizet, 914 hab., c. de Sassenage. →→→ Sur un mamelon, débris de la tour Sans-Venin (XIIe s.), autrefois l'une des sept merveilles du Dauphiné, sujet d'une foule de légendes. — Désert de J.-J. Rousseau, ravin pittoresque.

Parmilieu, 625 hab., c. de Crémieu. →→→ Grotte du Puits de Jacob.

Passage (Le), 858 h., c. de Crémieu.

Passins, 1,085 hab., c. de Morestel. →→→ Beau château moderne.

Paul-d'Izeaux (Saint-), 554 hab., c. de Tullins.

Paul-de-Varces (Saint-), 616 hab., c. de Vif.

Paul-lès-Monestier (Saint-), 294 hab., c. de Monestier-de-Clermont.

Péage-de-Roussillon (Le), 1,652 hab., c. de Roussillon.

Pellafol, 567 hab., c. de Mens. →→→ Montagne de l'Obiou (2,793 mètres). Belle source des Gilins.

Penol, 511 hab., c. de Saint-Étienne.

Percy (Le), 260 hab., c. de Clelles.

Périer (Le), 694 hab., c. de Valbonnais. →→→ Belle cascade de la Malsanne, haute de 40 mètres.

Pierre (La), 214 hab., c. de Goncelin. →→→ Carrières d'albâtre formant une grotte à stalactites. — Vieille tour.

Pierre-Châtel, 1,160 h., c. de la Mure.

Pierre-d'Allevard (Saint-), 1,975 hab., c. d'Allevard. →→→ Église romane; beau clocher ogival. — Tour d'Aquin, le château de la Roche-Commiers, bâtis sur les contre-forts du mont de Saint-Pierre (1,200 mètres).

Pierre-de-Bressieux (Saint-), 1,243 hab., c. de Saint-Étienne.

Pierre-de-Chandieu (St-), 1,257 h., c. d'Heyrieu. →→→ Château féodal.

Pierre-de-Chartreuse (Saint-), 1,567 hab., c. de Saint-Laurent-du-Pont. →→→ Le *Désert*, gorge pittoresque, conduit au monastère de la Grande-Chartreuse; l'entrée en est formée par 2 rochers, presque à pic, d'environ 100 mètres de haut., si rapprochés, que le Guiers-Mort remplit seul l'espace qui les sépare; le pont en pierre, d'une arche, est défendu par des bâtiments percés de meurtrières. — Le monastère est bâti à 977 mètres d'altitude dans la gorge du Cosson, sur une prairie en pente rapide, et qu'entourent d'un côté des forêts, de l'autre, les rochers nus et escarpés du Grand-Som. Les nombreux corps de logis, d'un style simple, sont surmontés de quelques tourelles. A gauche de la porte d'entrée est un corps de logis où les visiteurs pauvres sont hébergés gratuitement; les femmes n'entrent jamais au couvent et sont reçues dans un bâtiment séparé, nommé l'infirmerie. La cour carrée qui s'ouvre en face de la porte renferme 2 bassins circulaires alimentés par la source de Saint-Bruno. Au delà, un large perron conduit à l'entrée d'un corridor de 130 mètres de long., où viennent aboutir toutes les galeries qui mettent en communication les diverses parties du monastère; à droite et à gauche s'ouvrent 4 grandes salles où sont reçus les étrangers. Plus loin sont la chapelle domestique, l'église, le réfectoire, la cuisine (table de marbre d'un seul bloc, longue de 9 mètres), la dépense, les cellules, le logement du père général et la bibliothèque (6,000 vol.). L'*église* est assez élégante. Au-dessous de la bibliothèque est une chapelle décorée d'un assez bon tableau et d'un autel en mosaïque fait avec les racines de différents arbres. La *salle du Cha-*

pitre est décorée des portraits des 50 premiers généraux de l'ordre; un peu plus bas sont 22 tableaux représentant la Vie de Saint Bruno, dont les originaux, peints par Lesueur, sont au Louvre. Le siége du père général est placé au-dessous d'une grande statue du fondateur, par Foyatier. La galerie des cartes est très-riche. Le *grand cloître* forme un carré long éclairé par 150 arcades, irrégulièrement construit suivant les accidents du terrain; la partie la plus ancienne, du style ogival, remonte au XIIIᵉ siècle; la partie la plus moderne est du XVIIᵉ. 60 cellules s'ouvrent le long de deux grands corridors, longs de 220 mètres chacun. Au milieu du grand cloître est placé le cimetière, et près de celui-ci la chapelle des Morts, fondée en 1382; en face une autre chapelle, dite de Saint-Louis, a été bâtie aux frais de Louis XIII. — Les environs sont admirables. — A 2 kilomètres du couvent, au milieu d'une forêt de sapins, se trouvent la *chapelle de Notre-Dame de Casalibus* (1440) et, 200 pas plus haut, sur un énorme fragment de rocher, escarpé de trois côtés, la *chapelle de Saint-Bruno*, reconstruite en 1610 et restaurée en 1820. — A l'ouest de la Chartreuse, sur la montagne, s'étend la promenade du *Belvédère* (belle vue du couvent). — A 1 kilom. est la *Courrerie*, anciens ateliers transformés en hôpital pour les paysans des environs.

Pierre-de-Chérenne (Saint-), 398 h., c. de Pont-en-Royans. ➡ Cascade.

Pierre - d'Entremont (Saint-), 1,127 hab., c. de Saint-Laurent-du-Pont. ➡ Belle église ogivale moderne. — Château de Saint-Pierre (vue magnifique), élevé au XVIIᵉ et au XVIIIᵉ siècle, par les Chartreux, sur l'emplacement d'un château du XVᵉ siècle, dont il reste quelques ruines. — Grottes renfermant la source du Guiers-Vif. — Vallée des Éparres, semée de blocs de rochers éboulés.

Pierre-de-Méaroz (Saint-), 200 hab., c. de Corps.

Pierre-de-Mésage (Saint-), 771 hab., c. de Vizille.

Pin (Le), 860 hab., c. de Virieu. ➡ Ruines d'une ville engloutie, dit-on, dans le lac de Paladru, et qui aurait porté le nom d'Ars-le-Pin. — Restes de la Chartreuse de Silvo-Bénite (XVIIᵉ siècle).

Pinsot, 793 hab., c. d'Allevard. ➡ Joli pont d'une arche sur le Gleyzin. — Glacier sur la montagne de l'Oulle, appelé le grand glacier de Gleyzin.

Pisieu, 603 hab., c. de Beaurepaire.

Plan, 286 hab., c. de Saint-Étienne-de-Saint-Geoirs. ➡ Église; portail du XIIᵉ siècle. — Sur le flanc du coteau, maison de ferme (XVIIᵉ siècle) des évêques de Grenoble; plafonds à poutrelles avec peintures à fresque; arabesques; beaux lits à baldaquin, fauteuils, tapisseries historiées, portraits, etc. — Au-dessus de la maison de ferme s'élèvent les Terreaux de Plan (700 mètres, horizon magnifique), dont le sommet est occupé par les fossés et terrassements d'un camp romain (?).

Poizat, 263 h., c. (Sud) de Grenoble.

Poliénas, 913 hab., c. de Tullins.

Pommier-de-Beaurepaire, 1,022 hab., c. de Beaurepaire.

Pommiers, 565 hab., c. de Voiron. ➡ Cascade de l'Infernet.

Ponsonnas, 162 hab., c. de la Mure.

Pont-de-Beauvoisin, 1,784 h., ch.-l. de c. de l'arrond. de la Tour-du-Pin.

Pont-de-Chéruy, 846 hab., c. de Meyzieu.

Pont-en-Royans, 1,084 hab., bâti dans une situation extraordinaire, à 300 mètres environ, sur deux murs de rochers escarpés, séparés par un gouffre, au fond duquel la Bourne va mêler ses eaux à celles de la Vernaison, ch.-l. de c. de l'arrond. de Saint-Marcellin. ➡ La plupart des maisons, soutenues par des échafaudages, dominent, à une grande élévation, les belles eaux du torrent. Peu à peu, on a enlevé une partie du rocher, et des maisons se sont bâties sur l'emplacement conquis à l'aide du pic et de la poudre; d'autres se sont étagées en amphithéâtre sur les terrasses supérieures, partout où il y avait une place assez large pour les supporter. — Un pont, fort étroit, d'une seule arche, jeté sur un abîme de 50 mètres de profondeur, réunit les deux parties de la ville. — Sur les rochers qui dominent le bourg se voient les ruines d'une forteresse féodale, dont les murailles se confondent avec les rochers eux-mêmes. — Défilés très-pittoresques des Grands et des Petits-Goulets.

Pont-Évêque, 1,799 hab., c. (Nord) de Vienne.

Pontcharra, 2,703 hab., c. de Goncelin. ⟶ Château (XIII° et XV° s.) où naquit Bayard, partiellement restauré. On y entre par un portail délabré qui s'ouvre entre deux espèces de pavillons, dont l'un est une ancienne chapelle, et l'autre l'ancien logis des gardes. Dans le corps de logis principal, on voit le cabinet de Bayard et la chambre où Hélène Alleman lui donna le jour. Les écuries, la cave et la cuisine, occupant le rez-de-chaussée, sont bien conservées. Trois terrasses superposées s'étendent en avant de la façade. — Pont sur le Bréda; statue équestre, représentant Bayard enfant.

Prébois, 318 hab., c. de Mens. ⟶ Ruines d'un château.

Presles, 542 hab., c. de Pont-en-Royans.

Temple d'Auguste et de Livie, à Vienne.

Pressins, 1,104 hab., c. de Pont-de-Beauvoisin. ⟶ Grottes et cascades.

Priest (Saint-), 2,475 hab., c. de Saint-Symphorien. — Château des XV° et XVII° s., où ont séjourné Charles VII, Louis XI, Louis XII et François I°r.

Prim (Saint-), 446 hab., c. de Roussillon.

Primarette, 757 hab., c. de Beaurepaire.

Proveysieux, 484 hab., c. (Nord) de Grenoble. ⟶ Oratoire de la Charmette (grottes).

Prunières, 292 hab., c. de la Mure.

Pusignan, 1,318 h., c. de Meyzieu.

Quaix, 619 h., c. (Nord) de Grenoble.

Quentin (Saint-), 1,575 hab., c. de la Verpillière. ⟶ Ruines du château de Fallavier, près duquel l'étang de même nom (50 hectares) remplit le fond d'un ravin pittoresque.

Quentin-sur-Isère (Saint-), 1,249 hab., c. de Tullins. ⟶ Anciennes murailles. — Au sommet du coteau (très-belle vue), ruines imposantes d'un château fort. Il en reste une citerne large et profonde, et surtout une énorme tour (30 mèt. de haut.). — Belle et abondante source au pied du rocher.

Quet, 281 hab, c. de Corps.

Quincieu, 206 hab., c. de Tullins.

Réaumont, 795 hab., c. de Rives.

Renage, 1,830 hab., c. de Rives.
Rencurel, 865 hab., c. de Pont-en-Royans.
Revel, 892 hab., c. de Domène. ⟶ Château ruiné du xv⁵ siècle.
Revel-et-Tourdan, 791 hab., c. de Beaurepaire.
Reventin-et-Vaugris, 1,153 hab., c. (Sud) de Vienne.
Rives-sur-Fure, 2,543 hab., au confluent de la Fure et de la rivière de Réaumont, ch.-l. de c. de l'arrond. de Saint-Marcellin. ⟶ Vieille tour, dite de Louis XI. — Autour de la papeterie, beau parc arrosé par les canaux de la Fure. — Sur la colline, chapelle romane du xi⁵ siècle, avec peintures murales d'un artiste dauphinois. — Au-dessous du Réaumont et de la Fure, sur une colline, ruines du manoir de Châteaubourg, détruit sous Louis XIII. — Sur le chemin de fer de Lyon à Grenoble, beau viaduc de la Fure ou pont du Bœuf : 16 arches de 14 mètres d'ouverture; 273 mètres de long.; la plus grande hauteur est de 42 mètres. — Excursions aux sources du Réaumont et à la montagne de Parménie (pèlerinage).
Rivière (La), 749 hab., c. de Tullins.
Roche, 1,454 h., c. de la Verpillière.
Roches (Les), 1,054 hab., sur le Rhône (joli pont suspendu), en face de Condrieu, c. (Sud) de Vienne.
Rochetoirin, 827 hab., c. de la Tour-du-Pin. ⟶ Ruines du château de Romanèche, brûlé au xv⁵ siècle.
Roissard, 359 hab., c. de Monestier-de-Clermont. ⟶ Pont remarquable de Brion, sur l'Ébron.
Romagnieu, 1,860 hab., c. de Pont-de-Beauvoisin.
Romain-de-Jalionas (Saint-), 578 hab., c. de Crémieu.
Romain-de-Surieu (Saint-), 281 hab., c. de Roussillon. ⟶ A Surieu, église du xii⁵ siècle, mon. hist. (beau portail), et vieille tour féodale.
Romans (Saint-), 1,117 hab., c. de Pont-en-Royans.
Roussillon, 1,578 hab., ch.-l. de c. de l'arrond. de Vienne. ⟶ Château délabré, construit en 1553, par le cardinal de Tournon (peintures et jolis détails de sculpture), et où Charles IX rendit, en 1564, l'édit qui fit commencer l'année au 1ᵉʳ janvier.
Rovon, 501 hab., c. de Vinay. ⟶ Cascade de Ruison.
Royas, 315 hab., c. de Saint-Jean-de-Bournay.
Roybon, 2,048 hab., ch.-l. de c. de l'arrond. de Saint-Marcellin.
Ruy, 1,411 hab., c. de Bourgoin.
Sablon, 811 hab., c. de Roussillon.
Salaise, 1,056 hab., c. de Roussillon. ⟶ Sous l'église, ancienne dépendance d'un prieuré, crypte du xi⁵ s.
Salette-Fallavaux (La), 686 hab., c. de Corps. ⟶ Montagne de la Salette, but d'un pèlerinage célèbre. A 1,804 mètres, à l'extrémité du Gargas, contre-fort de rochers que dominent au nord de vastes pâturages (2,213 mètres), église romane récente, dont chaque pierre a été transportée à dos de mulet. — Près de l'église, maison d'habitation pour les missionnaires desservant le sanctuaire, et hôtellerie pour les étrangers. — En face de l'église, monument indiquant l'endroit où, suivant la croyance des pèlerins, la Vierge, après avoir conversé avec deux petits bergers, s'éleva de terre à leurs yeux (19 septembre 1846). — Une fontaine, née, dit-on, des larmes que répandit la Vierge, coule dans le ravin de la Sezia.
Salle (La), 411 hab., c. de Corps.
Sappey (Le), 379 hab., c. (Est) de Grenoble.
Sarcenas, 89 hab., c. (Nord) de Vienne. ⟶ Chamechaude, point culminant (2,087 mètres) du massif de la Grande-Chartreuse.
Sardieu, 797 hab., c. de Saint-Étienne-de-Saint-Geoirs.
Sassenage, 1,523 hab., sur le Furon, au pied d'une montagne de 650 mètres qui se relève plus loin à 1,120 mètres, ch.-l. de c. de l'arrond. de Grenoble. ⟶ *Église* moderne; clocher du xi⁵ siècle; dans une chapelle repose, depuis 1822, le connétable de Lesdiguières. — *Château*, rebâti vers 1615. Au-dessus de la porte d'entrée est représentée la fée Mélusine. A l'intérieur, on remarque : de grands appartements décorés avec une noble simplicité; un escalier monumental, du comm. du

xvii⁰ siècle; une chambre qu'occupa Louis XIII ; le salon, orné de plusieurs tableaux de maîtres, parmi lesquels un Murillo représentant les quatre Évangélistes; anciennes tapisseries des Gobelins; dans la chapelle, un vieux portrait de saint Ismidon et une Vierge de très-belle expression. — Pour les *cuves* de Sassenage, *V. Curiosités naturelles.*

Satolas-et-Bonce, 1,491 hab., c. de la Verpillière.

Sauveur (Saint-), 656 hab., c. de Saint-Marcellin.

Savas-Mépin, 461 hab., c. de Saint-Jean-de-Bournay.

Savel, 84 hab., c. de la Mure.

Savin (Saint-), 2,168 hab., c. de Bourgoin. ⟶ Château ruiné de Demptézieu.

Sébastien-de-Cordéac (Saint-), 518 hab., c. de Mens.

Séchilienne, 1,175 h., c. de Vizille. ⟶ Vieux château flanqué de deux grosses tours. — Le Taillefer (2,861 mèt.); admirable panorama.

Semons, 458 hab., c. de la Côte.

Septème, 1,524 hab., c. (Nord) de Vienne. ⟶ Château du xv⁰ s.

Sérézin, 1,302 hab., c. de Bourgoin. ⟶ Ruines du château de Quinsonas.

Sérézin-du-Rhône, 352 hab., c. de Saint-Symphorien-d'Ozon.

Sermérieu, 1,357 h., c. de Morestel.

Seyssins, 654 hab., c. de Sassenage.

Seyssuel, 609 hab., c. (Nord) de Vienne. ⟶ Château ruiné.

Siccieu-Saint-Julien, 556 hab., c. de Crémieu. ⟶ Ruines du château de Saint-Julien.

Siévoz, 277 hab., c. de Valbonnais.

Sillans, 1,187 h., c. de St-Étienne. ⟶ Ruines d'un château du xv⁰ s.

Simandres, 454 hab., c. de Saint-Symphorien-d'Ozon.

Siméon-de-Bressieux (Saint-), 1,975 hab., c. de Saint-Étienne. ⟶ Ruines du château de Bressieux.

Sinard, 426 hab., c. de Monestier.

Solaise, 656 hab., c. de Saint-Symphorien-d'Ozon.

Soleymieu, 721 hab., c. de Crémieu.

Sône (La), 901 hab., c. de Saint-Marcellin.

Sonnay, 867 hab., c. de Roussillon.

Sorlin (Saint-), 442 hab., c. (Sud de Vienne.

Sorlin (St-), 710 h., c. de Morestel.

Sousville, 134 hab., c. de la Mure.

Succieu, 495 hab., c. de Bourgoin.

Suriou, *V.* Saint-Romain-de-Suriou.

Susville, 570 hab., c. de la Mure.

Symphorien-d'Ozon (Saint-), 1,809 hab., ch.-l. de c. de l'arrond. de Vienne.

Tèche-et-Beaulieu, 1,001 hab., c. de Saint-Marcellin.

Tencin, 954 hab., c. de Goncelin. ⟶ Magnifique château (xviii⁰ s.) où naquit Mme de Tencin, mère de d'Alembert ; vaste parc, planté d'arbres séculaires, arrosé par un torrent qui descend de la gorge pittoresque du Bout-du-Monde ; belle cascade.

Ternay, 1,104 h., c. de Saint-Symphorien-d'Ozon. ⟶ Église du xii⁰ s.

Terrasse (La), 1,225 hab., c. du Touvet. ⟶ Sur la porte de l'église, inscription romaine. — Ruines du château de la Terrasse. De vastes constructions annexes sont occupées par une fabrique d'acier, de faux et de limes. — Pont suspendu.

Théoffrey (Saint-), 411 hab., c. de la Mure.

Theys, 2,294 hab., c. de Goncelin. ⟶ Église du x⁰ ou du xi⁰ s. — Tour carrée, reste du château d'Herculais (vaste cheminée ruinée).

Thodure, 953 hab., sur une colline dominant la plaine de la Valloire et un ravin où coule un ruisseau formant de jolies cascades, c. de Roybon. ⟶ Ruines d'un château entouré de fossés.

Thuélins, 592 hab., c. de Morestel.

Tignieu-Jameyzieu, 871 hab., c. de Crémieu.

Torchefelon, 620 hab., c. de la Tour-du-Pin.

Tour-du-Pin (La), 2,857 hab., ch.-l. d'arrond. ⟶ Belle fontaine. — Statue en bronze de la Vierge au sommet du coteau Saint-Clair. — Débris de fortifications.

Toussieu, 772 hab., c. d'Heyrieu. ⟶ Château féodal.

Touvet (Le), 1,595 hab., ch.-l. de c. de l'arrond. de Grenoble. ⟶ Sur une terrasse plantée d'arbres magnifiques, château moderne de Marcieu. —

Ruines du château de Beaumont, envahies par une végétation luxuriante; c'était le manoir héréditaire de la famille du baron des Adrets. — Un cellier est le seul reste du château de la Frette, où mourut le baron des Adrets. — Curieux passage des Sangles, près du col de l'Haut-de-Seuil (1,817 mèt.). — Au-dessous de l'embouchure du Bresson dans l'Isère, cette rivière coule dans un champ de débris large de 200 mèt.; les habitants ont construit un grand nombre de digues transversales qui ne laissent qu'une étroite ouverture dans le milieu, où coule le torrent, forcé ainsi d'y creuser profondément son lit. — Pont suspendu sur l'Isère.

Tramolé, 585 hab., c. de Saint-Jean-de-Bournay.

Treffort, 251 hab., c. de Monestier-de-Clermont.

Tréminis, 568 hab., c. de Mens.

Trept, 1,290 hab., c. de Crémieu. ⟶ Château de Poype-Serrières, flanqué de tours et couronné de mâchicoulis (XV° et XVI° s.).

Tronche (La), 2,151 hab., c. (Est) de Grenoble.

Tullins, 4,854 hab., ch.-l. de c. de l'arrond. de Saint-Marcellin. ⟶ Débris des anciennes murailles, et, en particulier, portes Saint-Quentin et de Fures. — Ruines de l'ancien château: restes de trois grosses tours reliées par des bastions. — Châteaux de Chépy et des Chartreux. — Église des XI° et XII° s.; curieuse inscription sous le porche.

Uriage, V. Saint-Martin-d'Uriage.

Valbonnais, 1,290 hab., ch.-l. de c. de l'arrond. de Grenoble. ⟶ Château de 1608.

Valencin, 757 hab., c. d'Heyrieu.

Valencogne, 692 hab., c. de Virieu.

Valette (La), 187 hab., c. de Valbonnais.

Valjouffrey, 891 hab., c. de Valbonnais.

Varacieux, 1,140 hab., c. de Vinay.

Varces, 678 hab., c. de Vif. ⟶ Château ruiné.

Vasselin, 435 hab., c. de la Tour.

Vatilieu, 487 hab., c. de Tullins.

Vaujany, 787 hab., c. du Bourg-d'Oisans. ⟶ Belle cascade.

Vaulnaveys-le-Bas, 660 hab., c. de Vizille.

Vaulnaveys-le-Haut, 1,653 hab., c. de Vizille. ⟶ Ancienne chartreuse de Prémol. — Ancien château; parc magnifique.

Vaulx-Milieu, 709 hab., c. de la Verpillière. ⟶ Bâtiment d'une ancienne commanderie.

Vénérieu, 450 hab., c. de Crémieu. ⟶ Pierre-Femme, singulier monolithe, dont la forme a donné lieu à une légende rappelant la femme de Loth changée en statue.

Venon, 264 h., c. (Sud) de Grenoble.

Venosc, 758 h., c. du Bourg-d'Oisans.

Vérand (Saint-), 1,064 hab., c. de Saint-Marcellin.

Vercieu, V. Montalieu.

Vernaz, 188 hab., c. de Crémieu.

Vernioz, 594 hab., c. de Roussillon.

Verpillière (La), 1,213 hab., ch.-l. de c. de l'arrond. de Vienne.

Versoud (Le), 500 h., c. de Domène.

Vertrieu, 628 hab., c. de Crémieu. ⟶ Château ruiné.

Veurey, 783 hab., c. de Sassenage. ⟶ Tour du XV° s. — Pont suspendu sur l'Isère. — Cascades.

Veyrins, 1,062 hab., c. de Morestel.

Veyssilieu, 355 hab., c. de Crémieu.

Vézeronce, 1,569 hab., c. de Morestel. ⟶ Tumulus sur le théâtre du combat de 524 (*V. Histoire*).

Victor-de-Cessieu (Saint-), 1,100 hab., c. de la Tour-du-Pin.

Victor-de-Morestel (Saint-), 965 hab., c. de Morestel.

Vienne, V. de 26,017 hab., au confluent de la Gère et du Rhône, large en cet endroit de 200 mèt., ch.-l. d'arrond. ⟶ Vienne, la seconde ville du département, par sa population, est la première par son industrie, son antiquité, ses monuments; elle s'élève en amphithéâtre, sur la rive gauche du Rhône, à l'embouchure de la Gère et en grande partie sur le penchant d'une colline. Elle est dominée : au nord par le mont Salomont (ruines du *château de la Bâtie*, élevé en 1250), et par le mont Arnaud, à l'est par les mont de Sainte-Blandine et de Pipet (restes du *château de Pipet; statue* colossale de la Vierge), au sud-est par celui de Saint-Just.

Vienne est la ville la plus riche du Dauphiné en antiquités. On y remarque : 1° le *temple d'Auguste et de Livie* mon. hist.). Ce temple est, après la Maison-Carrée de Nîmes, le monument de ce genre le mieux conservé que possède la France. Il est d'ordre corinthien, long de 27 mèt, large de 15 et haut de 17^m.35. Sa façade forme un frontispice, orné de six colonnes can-

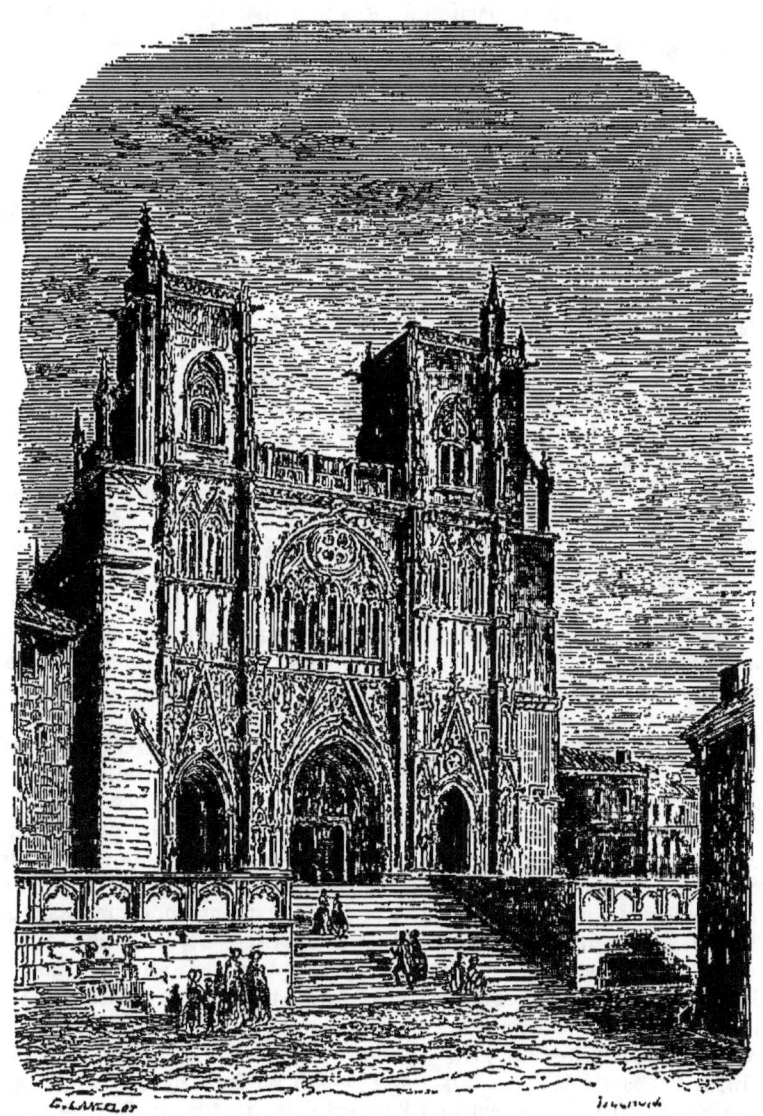

Cathédrale de Vienne (Saint-Maurice).

nelées. Des fouilles ont fait découvrir les dalles romaines qui pavaient le Forum. Le temple d'Auguste et de Livie a été restauré sous la direction de M. Constant Dufeux, qui a rétabli l'inscription : *Con. sen. Divo Augusto optimo maximo et divæ Augustæ* (du consentement du Sénat au divin Auguste très-bon, très-grand et à la divine Augusta); 2° le *plan de l'Aiguille*, au sud de la ville (mon. hist.), pyramide quadrangulaire de 16 mèt. d'élévation et de 4 mèt. de côté à la base, reposant sur un portique carré, percé de quatre arcades avec colonnes corinthiennes aux angles. Ce monument n'a pas été achevé : les pierres en sont seulement dégrossies. Il faisait partie de la *spina* d'un grand cirque dont les contours ont été mis à découvert par des fouilles récentes; 5° deux arcades et un escalier gigantesque (mon. hist.), restes du *Forum;* deux grands *aqueducs* qui conduisaient à la ville les eaux de la Gère et deux autres *aqueducs* plus petits qui ont été utilisés; des traces de remparts romains; sur le Mont-Pipet, des restes de la *citadelle des Allobroges.*

L'ancienne *cathédrale* (mon hist.), dédiée à Saint-Maurice, est, avec celle de Valence, la plus remarquable du Dauphiné et de la Provence. Élevée sur une terrasse, près du Rhône, elle est précédée d'un large perron de 28 marches; deux tours flanquent sa façade, bâtie aux xv° et xvi° s. Sa forme est celle d'une basilique à trois nefs, sans transsept; elle a 27 mèt. de haut., 96 de long., 36 de larg.; 20 piliers supportent la grande voûte. Autour de la nef principale et du chœur règne une galerie ogivale, dont les arcades reposent, dans le chœur, sur des colonnettes. Au-dessus et au-dessous de la galerie, dans l'abside, courent des frises incrustées de mastic rouge. Au-dessus des bas-côtés, qui sont de style ogival, règnent extérieurement deux magnifiques galeries romanes, à colonnes et pilastres. De nombreuses inscriptions sont encastrées dans les murs. D'anciens vitraux ornent la fenêtre ogivale de la chapelle Saint-Jacques. Bâtie vers la fin du xii° s., sur une autre plus ancienne, Saint-Maurice ne fut achevée qu'en 1515. La partie la plus ancienne, le chœur, offre, des pilastres cannelés et des chapiteaux de style roman. La façade porte la trace des mutilations qu'elle subit en 1562, après la prise de Vienne par le baron des Adrets. Le maître-autel et le magnifique tombeau qui se trouve à droite ont été sculptés au siècle dernier par Slodtz. On remarque à Saint-Maurice : l'épitaphe de Boson, roi d'Arles; les sarcophages de saint Léonien († 476) et d'Aymard († 1245), abbés de Saint-Pierre; une toile de Desgoffes, etc.

Saint-André-le-Bas (mon. hist.), dont la construction eut lieu en 1152, d'après une inscription, se fait remarquer par son style ogival de transition à l'intérieur et à l'extérieur par ses arcs-boutants et par la belle tour romane, plantée en biais, qui flanque l'abside. — *Saint-Pierre* (mon. hist.), précieux édifice du viii° ou du ix° s., est surtout remarquable par ses briques incrustées formant des dessins dans la maçonnerie. L'intérieur est décoré de deux étages d'arcades portées sur des colonnes de marbre. De l'abside primitive il ne reste que deux colonnes en marbre qui portaient l'arc triomphal; le reste de l'abside et le curieux clocher qui se dresse en avant de la façade primitive sont du xii° s. Les travaux de restauration entrepris de nos jours ont amené la découverte d'un grand nombre de tombeaux, et en particulier de celui qui, selon toute apparence, contenait les restes de saint Mamert. — *Saint-André-le-Haut* renferme de beaux tableaux. Près du monument, belle porte de la Renaissance.— *Saint-Martin* (xvi° s.), a été restaurée en 1815. — La *chapelle de l'hôpital Saint-Paul* possède des tableaux de l'école italienne.

Le *palais de Justice* occupe l'emplacement de l'ancien palais des Préteurs. — Le *collège*, où professa Massillon, date de 1605. — Les caves de la nouvelle *halle* peuvent contenir 4,000 hectolitres de vin. — Nous signalerons encore: l'emplacement de la *tour de Pilate* où, suivant la tradition, fut enfermé le gouverneur de Judée; — un grand nombre de *maisons* du moyen âge; — la *maison* où est né François Ponsard; la *statue* en bronze de ce poète, par M. Geoffroy-Dechaume (1870); — le *quai* du Rhône (1,500 mèt. de longueur); — le *pont suspendu*, sur le Rhône (1829); les deux *ponts de la Gère*, datant, le plus haut de la fin du xv° s., le plus bas du xvi° s.; — deux promenades : le *champ de Mars* et le *cours Romestang.*

Vif. 2,506 h., ch.-l. de c. de l'arrond.

de Grenoble. ⟶ Église du XIVᵉ s.

Vignieu, 1,012 hab., c. de la Tour-du-Pin. ⟶ Ancien château de Cornu. — Cascade au-dessous du château.

Villard-Bonnot, 1,022 hab., c. de Domène.

Villard-de-Lans, 1,970 hab., ch.-l. de c. de l'arrond. de Grenoble. ⟶ Très-belle source du Petit-Vaucluse, au pied de rochers pittoresques. — Grotte de la Fauge ou Chambre des Fées, d'une profondeur de 200 à 300 mèt., dans un vallon rempli de blocs gigantesques écroulés.

Villard-Eymond, 191 hab., c. du Bourg-d'Oisans.

Villard-Reculas, 202 hab., c. du Bourg-d'Oisans. ⟶ Cascade de 180 mèt. de haut., formée par le canal d'irrigation, de 8 kil. de longueur, qui prend ses eaux au lac Blanc.

Villard-Reymond, 177 hab., c. du Bourg-d'Oisans.

Villard-Saint-Christophe, 479 hab., c. de la Mure.

Ville-Fontaine, 451 hab., c. de la Verpillière.

Ville-sous-Anjou, 905 hab., c. de Roussillon.

Villemoirieu, 509 hab., c. de Crémieu.

Villeneuve, 1,240 hab., c. de Saint-Jean-de-Bournay.

Villette-d'Anthon, 1,029 hab., c. de Meyzieu.

Villette-Serpaise-et-Chuzelle, 1,312 h., c. (Nord) de Vienne.

Vinay, 2,290 hab., ch.-l. de c. de l'arrond. de Saint-Marcellin. ⟶ Ancien château. — Magnifique église de Notre-Dame-de-l'Osier, pèlerinage.

Vincent-de-Mercuze (Saint-), 763 hab., c. du Touvet.

Virieu, 1,130 hab., ch.-l. de c. de l'arrond. de la Tour-du-Pin. ⟶ Magnifique château féodal parfaitement conservé, des XIVᵉ, XVIᵉ et XVIIᵉ s., renfermant de précieuses tapisseries des XVᵉ et XVIIᵉ s., six petits canons du XVIIᵉ s. et des portraits historiques.

Viriville, 3,000 hect., 1,519 hab., c. de Roybon. ⟶ Les rues ont conservé leur physionomie du moyen âge.—Château ruiné de Groslée-Viriville (XVᵉ s.).

Vizille, 3,903 hab., ch.-l. de c. de l'arrond. de Grenoble. ⟶ Du *château des Dauphins*, il ne reste que des ruines, près desquelles Lesdiguières fit construire le château actuel. Ce château avait été restauré à la suite d'un incendie, en 1825. Un second incendie a détruit, en 1865, une des ailes sur l'emplacement de laquelle s'étend aujourd'hui une terrasse. La partie restée intacte a été restaurée de nouveau par M. Casimir Périer. Une des façades donne sur une belle pièce d'eau. La statue équestre, en bronze, du connétable de Lesdiguières, décore l'entrée principale, près d'un bel escalier à double rampe. Entre les deux escaliers, restes d'une fontaine, et deux groupes mutilés. Le parc, resté ce qu'il était du temps du connétable, contient de belles allées, des arbres contemporains de Lesdiguières, une belle cascade et l'abondante source de la Dhuis. — *Chapelle du cimetière*, reste d'un prieuré; portail roman. — *Pont* hardi d'une arche sur la Romanche (1753). — A 2 kil., *chapelle* dite *des Templiers*, d'un beau style roman.

Voiron, V. de 10,262 hab., sur la Morge, au pied de la montagne de Voize (735 mèt.); ch.-l. de c. de l'arrond. de Grenoble. ⟶ Tour ronde du Pas de la Belle, débris d'un château des comtes de Savoie. — Parc et château moderne de Barral. — Belle église ogivale moderne construite en ciment; deux tours. Les flèches (67 mèt.) sont les monuments les plus élevés du Dauphiné. — Sur la place, fontaine très-élégante datant de 1826.—Dans le pittoresque défilé des Gorges, grotte du Trou du Sarrazin.—Sur la roche de Vouise, statue colossale de la Vierge, en cuivre repoussé.—Belle collection de M. Daiguenoire (statue en marbre, par Pradier).

Voissan, 295 hab., c. de Saint-Geoire. ⟶ Château ruiné.

Voreppe, 2,769 hab., c. de Voiron. ⟶ Église du XIᵉ s. — Ruines d'un château des Dauphins. — Couvent de Chalais (restes du XIIᵉ s.), à la base de la Grande-Aiguille (1,095 mèt.).

Vourey, 851 h., c. de Rives. ⟶ Église du XIᵉ s.—Château d'Alivet (XVIIIᵉ s.), occupé par une fabrique.

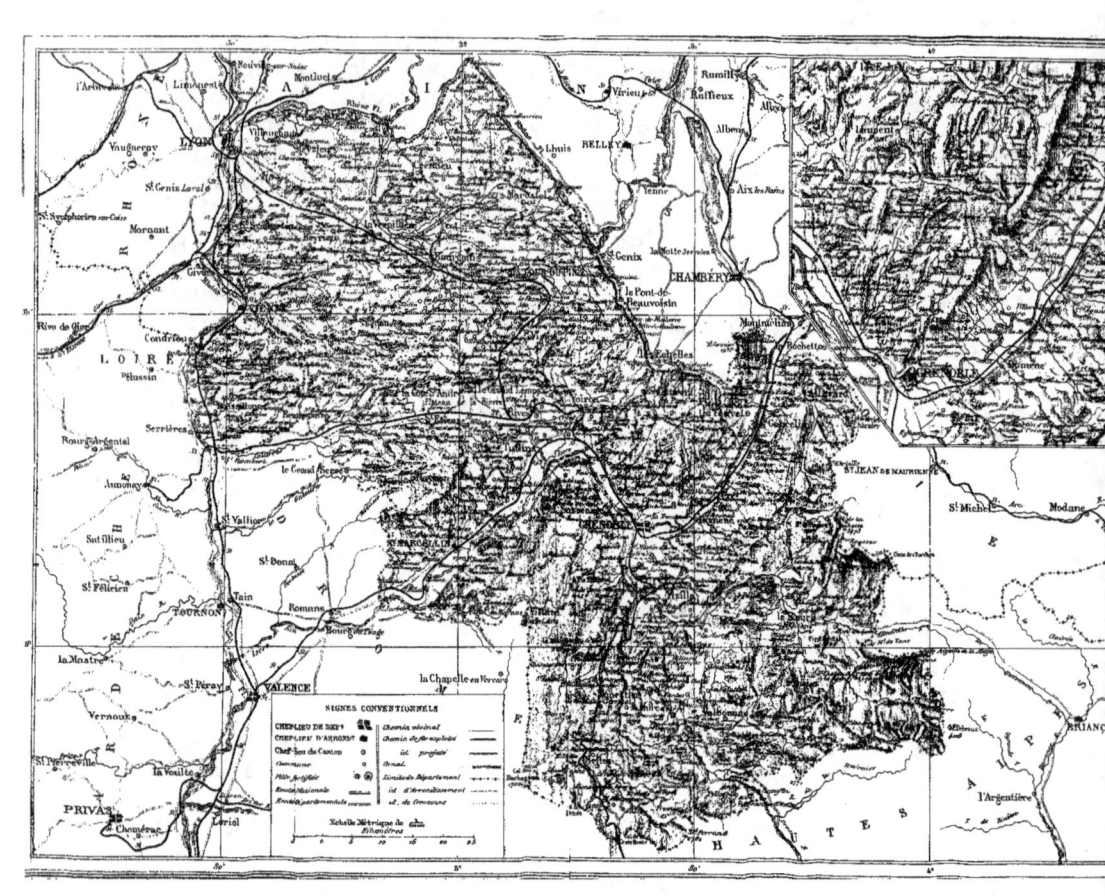

LIBRAIRIE HACHETTE ET CIE

A PARIS, BOULEVARD SAINT-GERMAIN, 79

NOUVELLE COLLECTION DE GÉOGRAPHIES DÉPARTEMENTALES

PAR AD. JOANNE

FORMAT IN-12 CARTONNÉ

Prix de chaque volume.................. 1 fr.

EN VENTE

Aisne......	19 gravures,	1 carte.	Isère......	10 gravures,	1 carte.
Allier......	29	—	1 —	Landes.....	16	—	1 —
Aube......	14	—	1 —	Loire......	14	—	1 —
Basses-Alpes..	11	—	1 —	Loire-Inférieure.	20	—	1 —
Bouches-du-Rhône.....	27	—	1 —	Loiret......	22	—	1 —
				Maine-et-Loire..	24	—	1 —
Cantal......	14	—	1 —	Meurthe.....	31	—	1 —
Charente....	28	—	1 —	Nord......	20	—	1 —
Corrèze.....	11	—	1 —	Pas-de-Calais..	16	—	1 —
Côte-d'Or....	29	—	1 —	Puy-de-Dôme..	16	—	1 —
Deux-Sèvres..	14	—	1 —	Rhône......	16	—	1 —
Doubs......	6	—	1 —	Saône-et-Loire..	25	—	1 —
Gironde.....	40	—	1 —	Seine-et-Oise...	25	—	1 —
Haute-Saône..	12	—	1 —	Seine-Inférieure.	20	—	1 —
Indre-et-Loire..	40	—	1 —	Somme......	12	—	1 —

EN PRÉPARATION

Charente-Inférieure — Dordogne — Jura — Loir-et-Cher — Oise
Seine-et-Marne — Vienne — Haute-Vienne

ATLAS DE LA FRANCE

CONTENANT 95 CARTES

(1 carte générale de la France, 89 cartes départementales, 1 carte de l'Algérie et 4 cartes des Colonies)

TIRÉES EN 4 COULEURS ET 94 NOTICES GÉOGRAPHIQUES ET STATISTIQUES

1 beau volume in-folio, cartonné : 40 fr.
Chaque carte se vend séparément............... 50 c.

TYPOGRAPHIE LAHURE, RUE DE FLEURUS, 9, A PARIS.

www.ingramcontent.com/pod-product-compliance
Lightning Source LLC
LaVergne TN
LVHW051457090426
835512LV00010B/2196